Pierre Haski

Le droit au bonheur

La France à l'épreuve du monde

Stock

Les essais

La citation des pages 187 à 189 est extraite du livre
Ce vain combat que tu livres au monde de Fouad Laroui
© éditions Julliard, Paris, 2016.

Couverture Corinne App
Illustration de couverture :
© Deltev Van Ravenswaay/Getty Images

ISBN 978-2-234-07642-6

Introduction

The perfect storm

Les Anglo-Saxons surnomment « *perfect storm* » cet enchaînement de petits ou grands phénomènes qui provoquent, au final, la tempête « parfaite », totale. C'est un peu le sentiment que donne la France en cette deuxième décennie du XXIe siècle.

Les Français sont devenus l'un des peuples les plus pessimistes du monde, et il ne s'agit pas ici d'en rajouter une pincée. Il s'agit d'abord de tenter de comprendre, car, contrairement à l'une des phrases les plus célèbres, et les plus choquantes, entendues dans le débat politique français des temps récents, expliquer, ce n'est pas justifier[1], c'est juste indispensable pour avancer. Comprendre comment le monde s'est transformé, plus souvent malgré nous qu'avec nous, ces dernières années.

---

1. Le Premier ministre, Manuel Valls, le 9 janvier 2016, lors d'une cérémonie commémorant l'attentat de l'Hyper Cacher, un an plus tôt : « Il ne peut y avoir aucune explication qui vaille. Expliquer, c'est déjà vouloir un peu excuser. »

Nous vivons une époque de grande confusion, qui suscite d'autant plus de désarroi et de peur que nous perdons bon nombre de nos repères, les uns après les autres. Les changements appartiennent à trois catégories :

– les équilibres géopolitiques ont été bouleversés sans qu'un nouvel ordre international émerge réellement ;

– notre univers personnel et professionnel se transforme sous le coup d'une rupture technologique qui n'a d'équivalent que la découverte de l'imprimerie ou celle de l'électricité dans notre histoire ;

– enfin, la société française est devenue «multiculturelle» – un mot tabou – sans s'en rendre compte, offrant une cible de choix à tous ceux qui sont en quête de bouc émissaire.

Trois ruptures fondamentales sur lesquelles nous n'avons que modestement prise, et qui s'apparentent, pour la France, à des rendez-vous ratés. Le centre de gravité planétaire s'est déplacé plus loin de nous, et la France, qui partage *de facto* avec les États-Unis l'idée qu'elle est une «nation indispensable», au message universel, vit mal sa marginalisation. Charles de Gaulle et, dans une certaine mesure, François Mitterrand ont construit et entretenu l'idée d'une puissance française d'exception : aujourd'hui, le roi est nu, la France se découvre puissance moyenne dans une Europe malade.

Ceux qui sont censés conduire ou expliquer ces changements, qui nous demandent de leur confier les rênes du pays et donc de nos vies, ne semblent pas réellement les maîtriser. Ils donnent le plus souvent le sentiment d'être restés bloqués dans une période historique précédente, promettant le retour à un « âge d'or » mythifié, celui des « Trente Glorieuses » de la croissance économique, depuis longtemps disparu ; ou celui, plus ancien et plus mythique encore, où la sonnerie des clochers de nos villages rythmait la vie des citoyens... D'autres encore promettent « du sang et des larmes » comme Churchill... Rares sont ceux et celles qui prennent à bras-le-corps les défis du monde actuel avec réalisme et inventivité, sachant que ce n'est pas forcément le meilleur moyen de se faire élire. Et surtout, plus rares encore sont ceux qui acceptent de remettre en question un fonctionnement politique à l'origine d'un sentiment de déconnexion et de manque de prise sur le « monde réel », et qui a tant fait pour creuser le fossé avec les citoyens.

Ce désarroi est le propre des périodes « révolutionnaires » – même si le mot « révolution » est galvaudé et appartient de plus en plus au vocabulaire du marketing plutôt qu'à celui des sciences politiques ; pourtant, c'est véritablement ce que nous vivons. Mais cette révolution ne résulte pas d'un « grand soir » qui changerait tout. Elle s'est faite sur la durée, avec quelques événements spectaculaires comme la chute du mur de Berlin et la disparition de l'Union soviétique, et d'autres plus lents et perceptibles sur le « temps long », comme l'émergence de la Chine ou l'évolution de la démographie mondiale ; il en va de même pour les bouleversements technologiques dont nous avons mis longtemps à réaliser qu'ils n'étaient pas une simple évolution de plus sur une longue route, mais une rupture fondamentale qui nous fait entrer dans une ère nouvelle, inconnue, imprévisible.

Dans une telle période de bouleversements stratégiques, technologiques, climatiques, humains, se produisant simultanément, vers qui se tourner ? La parole politique a depuis longtemps perdu son impact et sonne étrangement faux et décalé à nos oreilles citoyennes vigilantes ; les médias – dont je suis issu – ont, eux aussi, subi une érosion qui frise l'obsolescence, tant du fait de leur propre déclin que d'un air du temps qui délégitime les « intermédiaires » sans faire le tri ; enfin, les « experts » ont largement perdu leur crédit par excès cathodiques et brouillage global. Nous sommes traversés par ce sentiment qu'a exprimé avec tant de justesse le penseur italien Antonio Gramsci dans ses *Cahiers de prison*, entre les deux guerres : « Le vieux monde se meurt, le nouveau monde tarde à apparaître et dans ce clair-obscur surgissent les monstres. »

Ce serait passablement inquiétant si cette confusion était uniquement hexagonale, mais on retrouve ailleurs les mêmes signes de désarroi – et souvent de colère. Que dire de la vague qui a poussé Donald Trump à la présidence des États-Unis en novembre 2016, là où tous les spécialistes prédisaient un feu de paille démagogique ? Ou du succès du Brexit au Royaume-Uni, au référendum de juin 2016, fondé sur une campagne mensongère que rien n'a pu stopper, dans un pays pourtant fier de ses traditions journalistiques et, de surcroît, hyperconnecté. Les analystes anglo-saxons de ces événements évoquent l'ère du *post-truth*, « au-delà de la vérité », ou la dangereuse tendance des démocraties occidentales à bout de souffle à ne plus valoriser les faits dans le débat politique, mais le mensonge asséné avec certitude grâce à la caisse de résonnance des réseaux sociaux. Une polémique a ainsi éclaté aux États-Unis après l'élection de Donald Trump, sur le rôle joué par la prolifération des fausses informations qui ont inondé Facebook, le plus grand réseau. Des millions d'Américains ont cru que le pape avait choisi de soutenir le candidat républicain, une information qui a battu le record de « partages » sur Facebook, et qui était évidemment fausse. Nous en avons quelques exemples autour de nous en France aussi…

Mais si le même brouillard du doute plane sur nos sociétés, il y a, chaque fois, des spécificités nationales. Les vieux démons raciaux de l'Amérique remontent à la surface, la hiérarchie sociale anglaise bien installée prend aujourd'hui l'allure d'un match entre Londres et les provinces oubliées. Et la France ? D'où vient ce spleen qui s'est installé sur un pays qui ne croit plus en son avenir ? Quelles sont les racines de la crise généralisée dans laquelle le pays est durablement enfoncé, et que l'on veut parfois réduire à son expression « identitaire », un mot chargé de connotations pas toujours aimables ni porteuses de solutions ?

Ce texte est d'abord né d'une frustration. Celle d'un journaliste que son métier a conduit loin de la France, de l'Afrique à la Chine, en passant par l'Europe et le Moyen-Orient, et qui a fini par regarder son pays à travers le prisme déformant du vaste monde, dans sa diversité et sa complexité, sans les retrouver dans les débats nationaux. Frustration de constater que ceux-ci se déroulent comme si la planète tournait autour de Paris et de la France, alors qu'il existe des « ailleurs » qui, depuis longtemps, ont d'autres repères, d'autres références, d'autres rêves dont nous sommes absents. Frustration, surtout, face à la médiocrité générale du débat politique, toujours en retard d'un train par rapport à la marche du monde. L'élection américaine de novembre 2016 nous a fourni un nouvel exemple de ce décalage.

Inconsciemment, l'idée de ce livre est peut-être née un jour de 2004, lors d'une visite de Nicolas Sarkozy à Pékin où j'étais le correspondant du journal *Libération*. Alors ministre de l'Intérieur avec une vue plongeante sur l'élection présidentielle de 2007, Nicolas Sarkozy était arrivé accompagné de plusieurs dizaines de journalistes politiques, une « bulle » médiatique française centrée sur l'unique personnage du grand récit en train de s'écrire. Inutile de dire que, de Pékin, je n'avais pas vu monter le « phénomène Sarkozy », et que je l'observais avec d'autant plus d'intérêt.

Les dirigeants chinois, eux, l'avaient bien saisi, et, quoique « seulement » ministre de l'Intérieur, Nicolas Sarkozy eut droit à une audience présidentielle avec le numéro un chinois d'alors, le discret Hu Jintao. À la sortie de son entretien avec le dirigeant d'une puissance de 1,3 milliard d'habitants, dont l'essor rapide constitue le phénomène marquant de ce début de XXIe siècle, quelle ne fut pas ma surprise d'entendre les premiers mots du futur président français : « J'ai demandé au président chinois ce que ça faisait de devenir numéro un quand on a longtemps été numéro deux. »

Une « petite phrase » ciselée pour le 20 heures de TF1. Tout comme Hu Jintao, longtemps dans l'ombre de son prédécesseur Jiang Zemin, était enfin devenu numéro un, Nicolas Sarkozy, alors numéro deux du gouvernement, rêvait de succéder à Jacques Chirac. Si possible en le « tuant » au passage : au cours du même voyage, il se demandera publiquement, visant évidemment le président dont l'une des passions connues était le sumo : « Comment peut-on être fasciné par ces combats de types obèses aux chignons gominés ? Ce n'est vraiment pas un sport d'intellectuel, le sumo ! »

Cela peut sembler anecdotique, mais ce jour-là s'est installée dans mon esprit l'idée, qui s'est confirmée depuis, qu'une nouvelle génération qui ne connaissait pas le monde, ne s'y intéressait que modérément, était en train d'accéder aux commandes, et qu'elle était pour une bonne part pétrie d'arrogance et de mépris très européo et surtout franco-centrés, et enfin d'un opportunisme sans limites. La précédente avait été marquée, en bien ou en mal, par la Seconde Guerre mondiale, les guerres coloniales, la décolonisation, la guerre froide et les batailles idéologiques… La nouvelle arrivait au pouvoir dans un monde en principe plus apaisé, plus globalisé et connecté, mais, paradoxalement, sans doute du fait de la professionnalisation croissante des carrières politiques, elle n'en était que plus insulaire, plus « franchouillarde ». Sans doute parfaite pour gérer une navigation en eau calme, elle n'est pas à la hauteur des défis d'une époque de bouleversements.

Cette frustration ne m'a que très rarement quitté s'agissant de la classe politique française – j'aurais eu sans doute la même outre-Manche par temps de Brexit, et plus encore outre-Atlantique à écouter Donald Trump parler du monde dont il dirige désormais la première puissance économique et militaire… Je n'ai jamais compris pourquoi François Hollande, si prompt à rencontrer les journalistes pour défendre son bilan, a été incapable, tout au long de ce quinquennat si étrange, de faire la pédagogie des transformations du monde et d'imaginer d'autres voies, plutôt que de s'accrocher à des espoirs, toujours déçus, de reprise mécanique de la croissance, au prix de mesures de relance « très xxᵉ siècle », croissance qui ferait que les Français se sentiraient « mieux ». Paradoxalement, ce président, qui a été capable d'unir, hélas trop brièvement, les Français à des moments tragiques comme les attentats de janvier et de novembre 2015, n'a pas su les mobiliser autour d'objectifs qui seraient ceux du xxıᵉ siècle, pour une puissance moyenne en difficulté comme la France.

Toujours sur le terrain politicien, en février 2016, j'ai assisté, consterné, au naufrage cathodique de Jean-Luc Mélenchon : invité à l'émission de Laurent Ruquier – le pape de l'« infotainment » (information + *entertainment* ou « divertissement ») sur France 2 –, le leader du Parti de gauche s'est mis à mimer une rencontre avec Angela Merkel pour lui annoncer que la France – dont il serait devenu le président – ne jouerait plus le jeu de l'austérité. Et de demander à son voisin le plus proche sur le plateau, le malheureux chanteur Pascal Obispo, de jouer le rôle de la chancelière allemande. L'auteur du *Hareng de Bismarck* annonce alors à Obispo-Merkel que c'est fini, la France change de politique économique,

et que c'est comme ça, parce que « c'est la France » !
Le très internationaliste Mélenchon prenait alors des
accents nationalistes pour montrer aux « casques à
pointe » que la France résistait. Pathétique descente
aux enfers médiatiques de l'un de leurs principaux
pourfendeurs.

Je pourrais continuer le jeu de massacre avec d'autres
noms, d'autres tendances politiques parmi tous ceux
qui prétendent concourir à la fonction présidentielle.
À la disparition de Michel Rocard, le 2 juillet 2016, rares
sont ceux qui ont relevé à quel point cet ancien Premier
ministre, dont on ironisait quand j'étais jeune sur le
phrasé incompréhensible pour le commun des mortels,
avait eu une conception de la politique dépourvue de
démagogie. Il était le « dernier des Mohicans », et, pour
cette raison sans doute, n'a jamais été élu président.

Cette dégradation du discours politique, et d'une
bonne partie du débat public en général, n'aide pas à
comprendre et raisonner les peurs françaises, qui ont
des causes et des effets bien réels. Il ne s'agit néanmoins pas de produire ici un « sanglot de l'homme
blanc », de culpabilisation ou d'autoflagellation d'un
Occident repenti – comme le dénonçait en son temps
Pascal Bruckner – et encore moins de « rouler » pour
l'un ou l'autre des candidats… Cet ouvrage n'est pas
non plus un brûlot contre la ou les politiques : j'ai vu
trop de peuples se battre afin de conquérir le droit
de choisir leurs dirigeants pour mépriser l'exercice
démocratique, mais, comme beaucoup de Français,
j'aimerais pouvoir voter avec enthousiasme, pas
résignation…

Ce livre n'a pas d'autre ambition – pour le journaliste qui parcourt le monde depuis plus de quarante ans que je suis – que de lancer une mise en garde : nous sommes en train de « décrocher », de « sortir de l'histoire », alors que nous avons encore beaucoup de cartes entre nos mains. Ce faisant, ce projet m'a entraîné au-delà de ma zone de confort intellectuel, sur des terres moins familières mais nécessaires à la compréhension de « ce qui nous arrive », et surtout de la manière dont ce pays doté de tant d'atouts pourrait s'en sortir.

L'objectif n'est pas de s'aligner sur telle ou telle « pensée unique » ou doxa dominante, mais plutôt de se demander comment, dans un monde qui n'est pas tel que nous le rêvons, la France pourrait mieux faire ; en d'autres termes, comment s'attaquer à certains des défis de la France actuelle (qui ne sont pas nécessairement ceux qui déclenchent les polémiques incessantes et stériles alimentant nos flux d'informations) ? Ceux-ci sont nombreux, immenses, mais pas forcément, comme on l'entend souvent, ceux d'un « déclin » inéluctable, mais plutôt ceux de l'adaptation de l'Hexagone à un monde dont il n'a accompagné les changements qu'à reculons : qu'il s'agisse de la décolonisation, de la mondialisation économique, des bouleversements technologiques ou environnementaux ou encore des enjeux d'une société multiculturelle au XXIe siècle.

Un récit marqué par la conviction que la France mérite mieux, car, justement, pour avoir sillonné le monde afin de le raconter à des lecteurs français, je suis conscient des qualités de ce pays, dont à l'étranger beaucoup se demandent comment nous faisons pour les gâcher ainsi... Commençons par comprendre les bouleversements planétaires, c'est le meilleur moyen de surmonter les peurs qui paralysent notre société. Bien avant la dernière vague d'attentats, le sociologue et philosophe Paul Virilio citait dans un ouvrage un dicton adapté à notre époque : « La peur est le pire des assassins, elle ne tue pas, elle empêche de vivre[1]. »

---

1. Tous les ouvrages cités figurent dans une bibliographie à la fin de ce livre.

1

Désordre multipolaire

L'histoire se joue souvent de nous, qui tentons vainement de lui donner un sens. Combien de fois avons-nous
cru qu'un événement changeait tout, que plus rien
ne serait «comme avant», pour réaliser ensuite que
c'était... «plus compliqué que ça»? *A contrario*, nous
ne savons pas toujours prendre la mesure du signe
avant-coureur d'un vrai tournant historique, politique,
scientifique ou sociétal.

Pour m'être retrouvé plus d'une fois, comme journaliste, là où l'histoire se faisait, je sais qu'il est facile de
sous-estimer un événement, ou, plus souvent, de pratiquer l'hyperbole. J'étais ainsi le 2 mai 1989 à la frontière entre l'Autriche et la Hongrie, lorsque le fameux
«rideau de fer» fut symboliquement coupé –j'en
conserve un morceau de barbelé rouillé chez moi– par
les gardes-frontières hongrois, sous le regard approba-
teur d'officiers soviétiques; mais, à l'instar des autres
journalistes présents, je pensais assister à une belle mise

en scène de propagande (c'était d'ailleurs le cas). Je n'y consacrais qu'un article goguenard dans *Libération*, tandis que mon collègue de TF1 se voyait refuser son sujet jugé sans intérêt. Mais deux mois plus tard, c'est par ce « trou » dans la frontière que des milliers d'étudiants est-allemands passèrent à l'Ouest, entraînant en quelques mois la chute du mur de Berlin et la fin du bloc communiste européen.

Mieux encore, les acteurs de cette histoire eux-mêmes ne comprirent pas complètement ce qui leur arrivait. En septembre 1989, alors que je me trouvais à Prague, l'ambassadeur de France m'invita à un dîner avec un groupe de dissidents tchèques, des amis de Vaclav Havel, en me faisant jurer de ne pas révéler où je les avais rencontrés afin de ne pas le mettre en délicatesse avec le pouvoir communiste. Le dîner fut très arrosé, et particulièrement joyeux car, disaient ces rebelles insouciants, ils avaient désormais la conviction que ce régime était condamné et tomberait « avant dix ans »… Deux mois plus tard, c'était la « révolution de Velours » : ces mêmes hommes se promenaient en rollers dans les longs couloirs du château de Prague immortalisé par Kafka, et Vaclav Havel demandait au costumier oscarisé du film *Amadeus* de redessiner l'uniforme de la garde…

Autre époque, autre latitude : lorsque je suis parti à l'été 2000 pour devenir le correspondant de *Libération* à Pékin, presque personne n'imaginait encore sérieusement la possibilité que la Chine devienne en l'espace de quelques années la deuxième économie mondiale, et un jour la première, rivale des États-Unis. À mon premier retour en France, je racontais à des amis le décollage de la Chine auquel j'assistais à Pékin, et un banquier me rétorqua qu'il n'était pas concevable qu'un groupe de septuagénaires, membres du bureau politique d'un Parti communiste, puisse réussir au sein de l'économie globalisée, et que tout ça ne durerait pas. Qui oserait affirmer aujourd'hui que les membres du bureau politique chinois n'ont pas compris les règles du capitalisme globalisé ?...

Ces exemples personnels montrent à quel point, lorsque le monde vit de profondes mutations, il est parfois difficile de les voir alors qu'elles se déroulent sous nos yeux, avec nous. Or nous traversons aujourd'hui un authentique changement d'époque, un basculement historique qui est loin d'être achevé, et pour lequel nos outils traditionnels d'analyse sont mal affûtés. Un bouleversement des équilibres mondiaux qui ajoute à notre désarroi national, car la France paraît bien inadaptée à ces temps agités qui se profilent.

« Le siècle européen »

Nous sommes sortis sans crier gare d'une époque qui nous convenait pourtant assez bien, celle qui a suivi la chute du mur de Berlin, pour entrer dans une ère qui n'a pas encore de nom, mais que nous pourrions sans trop de mal décrire comme celle d'un désordre multipolaire non maîtrisé. Les années suivant la chute du rideau de fer furent à la fois marquées par de grandes incertitudes stratégiques – la fin de la guerre froide, l'éclatement de l'URSS, les guerres des Balkans... –, mais aussi par un formidable optimisme dans cette Europe sur le point de se retrouver sans avoir eu besoin de tirer un seul coup de feu.

Même la réunification allemande, dont la perspective inquiétait tant François Mitterrand et sa génération qui se reconnaissaient dans la célèbre formule de François Mauriac – « J'aime tellement l'Allemagne que je préfère qu'il y en ait deux » –, fut un bel exercice de gestion collective de crise, plutôt sereinement accueilli en Europe. Je me souviens encore de l'incrédulité des membres de l'entourage du président Mitterrand, lors de sa visite si inopportune à Berlin-Est, fin décembre 1989, lorsque je leur décrivais la manifestation à laquelle je venais d'assister à Dresde, dans ce qui était encore la RDA : on y avait entendu pour la première fois des slogans en faveur de la réunification allemande. Mais ces flottements sont peu de chose par rapport au tour de force d'avoir réussi cet exercice diplomatique complexe sans accroc majeur.

Inutile de se livrer à l'exercice cruel de relecture de l'abondante littérature de l'époque, annonçant la « fin de l'histoire », le « siècle européen », le « déclin américain »... Tout le monde a été victime d'une illusion collective, ou plutôt de l'idée incontournable que la réalité de l'immédiat après-guerre froide, marqué par l'hyperpuissance américaine selon la formule d'Hubert Védrine, serait la norme libérale et démocratique des temps à venir. Alors que, dans les faits, elle ne fut qu'une brève parenthèse, vite balayée par de nouveaux sursauts de l'histoire.

Mais autant le passage du monde relativement figé de la guerre froide à ce qu'on a appelé, faute de mieux, « l'après-guerre froide » – par analogie avec l'après-guerre à partir de 1945 – s'est produit avec des événements visibles de tous, chargés d'émotions, et spectaculaires, autant la suite de l'histoire s'est imposée sans s'annoncer, et sans même être « baptisée ».

Quand a-t-elle commencé ? Le 11 septembre 2001, avec les attentats d'Al-Qaïda sur le sol américain, qui mobilisèrent l'énergie et l'attention américaines pendant la décennie suivante ? Le 11 décembre 2001, lorsque la Chine est devenue officiellement membre de l'Organisation mondiale du commerce, changeant fondamentalement le visage de la mondialisation ? Ou avant cela, en décembre 1999, lorsqu'un certain Vladimir Poutine a remplacé Boris Eltsine à Moscou, avec pour ambition que la Russie soit de nouveau respectée – et crainte – dans le monde ?

Sans doute pour toutes ces raisons, notre environnement a changé depuis notre entrée dans le XXIe siècle. Et nous n'en avons pris conscience que progressivement, de manière confuse, accentuant l'idée de notre propre déclin et notre pessimisme. Ce n'est pourtant pas un phénomène français, mais plutôt celui d'un monde occidental convaincu de sa propre domination « éternelle » du monde, et qui s'est trouvé défié sur son propre terrain.

Le journaliste et essayiste américain Fareed Zakaria a tenté de l'analyser dès 2008, dans un livre titré de manière ambivalente *The Post-American World* (« Le Monde post-américain »), mais dans lequel il écrit dès la première ligne : « Ce livre n'est pas consacré au déclin de l'Amérique, mais plutôt à la montée de tous les autres. » En 2016, le politologue Bertrand Badie exprime la même idée, cette fois en direction du public français, avec ce titre ironique : *Nous ne sommes plus seuls au monde.*

« *The rise of the rest* », « la montée des autres », est assurément le phénomène marquant de ce début de XXIe siècle. Pour Fareed Zakaria, c'est même le troisième temps de l'ère moderne, après l'essor de l'Europe aux XVIIIe et XIXe siècles, la domination des États-Unis à partir de la Première Guerre mondiale et tout au long du XXe siècle, et, aujourd'hui, cette « montée des autres ». Pour les Européens, qui n'ont toujours pas compris qu'ils n'étaient plus les « maîtres du monde » et se comportent souvent comme s'ils l'étaient encore, la prise de conscience est douloureuse.

Quel que soit le paramètre pris en compte, les données sont parlantes. En 1870, les trois premières économies mondiales étaient, dans l'ordre, le Royaume-Uni, l'Allemagne et la France, trois nations européennes. Un siècle plus tard, en 1973, ce sont les États-Unis qui sont en tête, suivis du Japon et de l'Allemagne, seule « survivante » du siècle précédent. En 2010, *exit* l'Europe, les trois principales économies sont les États-Unis, toujours en tête, suivis de la Chine (en 1980, le PIB de la Chine était la moitié de celui du Royaume-Uni ; en 2016, il est supérieur à ceux du Royaume-Uni, de l'Allemagne et de la France réunis...) et du Japon, deux puissances asiatiques. Enfin, projection pour 2030, avec toute la prudence nécessaire : la Chine prendrait la première place, suivie des États-Unis ; et c'est l'Inde, autre géant d'Asie, qui s'installerait sur la troisième marche de ce podium mondial. Il en irait évidemment différemment si l'Union européenne était un État fédéral, comme les États-Unis, mais ceci est une autre histoire…

Idem sur le plan démographique : la part de l'Europe représentait 22 % de la population mondiale en 1950, mais à peine 9,9 % en 2016 ; et le « vieux continent », qui porte bien son surnom, pèsera de moins en moins lourd dans l'avenir prévisible, jusqu'à 6 ou 7 % de la population mondiale en 2050, selon les projections des Nations unies. Le monde comptera alors près de dix milliards d'habitants, contre sept aujourd'hui, dont un quart vivra sur le continent africain, notamment au Nigeria qui se hissera à la troisième place mondiale, derrière l'Inde et la Chine, les deux pays « milliardaires ».

Il est significatif que les premiers à avoir compris et conceptualisé le phénomène aient été des banquiers d'affaires. Le concept apparaît pour la première fois en 2001 dans une note de l'économiste de la banque Goldman Sachs, Jim O'Neill (qui deviendra lord Jim, puis, en 2016, éphémère ministre des Finances du gouvernement de Theresa May à Londres) : « Les BRIC sont des pays à forte croissance, dont, au début du XXIe siècle, le poids dans l'économie mondiale augmente. » Les BRIC ? les principales économies émergentes du début de siècle : Brésil, Russie, Inde, Chine, auxquels s'ajoutera quelques années plus tard l'Afrique du Sud pour devenir les BRICS (selon l'acronyme anglais).

Étonnamment, le concept imaginé par une banque est devenu une réalité géopolitique, et les BRICS se sont constitués en « club des émergents », avec une ambition immense malgré leurs contradictions (richesse et population, poids respectifs dans l'économie mondiale, systèmes politiques incompatibles, rivalités historiques, fragilités internes et régionales). Leur premier sommet s'est tenu en 2009 en Russie, suivi de réunions régulières, et même de la création d'institutions comme une banque internationale susceptible de rivaliser avec la Banque mondiale, et un rapprochement avec une alliance sécuritaire fondée par la Chine et la Russie, l'Organisation de coopération de Shanghai (SCO).

Cette alliance des « autres », incluant une ex-superpuissance en plein come-back – la Russie –, la nouvelle superpuissance de l'heure – la Chine –, la plus grande démocratie du monde – l'Inde – et deux puissances régionales plus modestes – Brésil et Afrique du Sud –, a bousculé la planète et, quelles que soient les limites de cette aventure collective, a mis fin à la période de leadership solitaire et exclusif des États-Unis. « Plus personne ne prétendra que le XXIe siècle sera le siècle américain », s'exclame le géopolitologue Gérard Chaliand – ce qui ne signifie pas pour autant que l'Amérique ait perdu de sa puissance, économique, militaire, ou même de « soft power », c'est-à-dire d'attractivité de son modèle.

Pour autant, les BRICS ne sont pas devenus un « bloc » alternatif, comme avait pu l'être, à l'époque de la guerre froide, le bloc soviétique, avec son alliance militaire (le pacte de Varsovie), sa communauté économique (le

Comecon), et ses diverses institutions et relais. Leur but n'était d'ailleurs pas celui-là, mais plutôt d'imposer un rapport de force aux Occidentaux et de s'inviter à la table des décideurs. De ce point de vue, c'est réussi, en particulier pour la Chine, puissance économique dominante de ce nouveau monde, et dont le rayonnement est aujourd'hui mondial, à travers son commerce, ses investissements, sa stratégie de « nouvelles routes de la soie », et même diplomatique et militaire. Comme l'explique l'économiste Joël Ruet, dans un livre consacré aux « capitalismes non alignés » qu'elles incarnent, les puissances émergentes « puisent à des racines riches et profondes, de périphériques elles se sont vite insérées au cœur même de la machine productive mondiale, et via cette relation industrielle du monde elles transforment toute la mondialisation ».

Tout va tellement vite qu'un cliché a à peine le temps de s'installer qu'il est déjà dépassé : la Chine était devenue « l'usine du monde » dans la première décennie du XXIe siècle, et voilà que, déjà, les usines ferment par milliers dans cet empire où tout est devenu trop cher (salaires, loyers, services…), pour surgir ailleurs en Asie ou en Afrique. Une femme d'affaires chinoise installée à Addis-Abeba expliquait ainsi en 2016 que 85 millions d'emplois chinois devraient être délocalisés dans les prochaines années, et qu'elle avait choisi l'Éthiopie pour en accueillir une partie. La Chine, qui a effectué son décollage économique grâce aux exportations, tente de franchir une nouvelle étape de son développement en se recentrant sur la consommation interne et les services, en robotisant massivement ou en délocalisant la production. C'est le pari du nouveau « Timonier », Xi Jinping, qui ne fait pas la moindre concession politique et durcit au contraire l'espace de liberté de la société civile, pour pérenniser le pouvoir du Parti communiste dans cette phase délicate.

C'est la logique de cette mondialisation économique sans répit, qui se moque des distances –en raison du faible coût des transports–, de la couleur des régimes ou des cultures, du moment que l'on est « compétitif » et ouvert à cette guerre économique planétaire. Cette logique fortement inégalitaire et hypercompétitive, déstabilisatrice dans certaines parties du monde, a eu un double impact : elle a produit des couches entières de « perdants » de la mondialisation qui le font désormais savoir haut et fort en soutenant des partis et des causes populistes, et a ébranlé la gouvernance mondiale.

Plusieurs pôles, pas d'arbitre

Dans cette transformation, le monde a perdu sa boussole. D'unipolaire avec les États-Unis en seule superpuissance, il est devenu, selon la formule de Laurent Fabius, « zéro-polaire », ou plutôt multipolaire sans puissance dominante ni réelle règle du jeu entre les différents « pôles ». Nous sommes dans un monde incapable de faire face aux crises et aux conflits, du génocide rwandais hier à la guerre civile en Syrie ou l'afflux des réfugiés aujourd'hui ; et si la planète s'est retrouvée unie à Paris en novembre 2015 pour conclure l'accord sur le climat, ce succès diplomatique relatif est l'exception plutôt que la règle, et tarde à se transformer en actes, déjà menacé par l'élection de Donald Trump.

Les Nations unies, nées au lendemain de la Seconde Guerre mondiale dans la foulée du « plus jamais ça » après Auschwitz, sont incapables de jouer ce rôle d'arbitre, malgré une embellie post-guerre froide dans les années 90, qui a trop rapidement tourné court. « L'idéal des Nations unies était magnifique, mais ça n'a vraiment marché que neuf ou dix mois, jusqu'aux débuts de la guerre froide », m'a confié un jour le grand diplomate irlandais Brian Urquhart, qui était présent à la fondation de l'ONU et en fut secrétaire général adjoint. Les rivalités des grandes puissances, hier comme aujourd'hui, rendent, hélas, l'ONU impuissante : la Russie mettra son veto sur tout ce qui peut gêner son allié syrien, les États-Unis sur ce qui embarrassera Israël, la Chine sur tout ce qui la concerne... George W. Bush s'est d'ailleurs bien passé de la caution des Nations unies pour sa décision fatidique d'envahir l'Irak en 2003, après la menace française d'opposer son veto. Quant à la réforme du fonctionnement de l'ONU souhaitée depuis des années pour permettre une meilleure représentativité que celle du monde de 1945, elle est rendue impossible par la nécessité d'obtenir l'accord unanime des cinq membres permanents (Chine, États-Unis, France, Royaume-Uni et Russie).

De fait, un nouveau climat de méfiance, voire de défiance, s'est progressivement instauré entre la Russie réémergente et l'Occident, résultat d'un immense ratage historique. Autant la période allant de la chute du mur de Berlin, le 9 novembre 1989, à la fin de l'Union soviétique, le 26 décembre 1991, en passant par la réunification de l'Allemagne le 3 octobre 1990, fut un succès de gestion diplomatique, autant la période suivante fut clairement ratée.

En octobre 2015, lors d'un forum international réuni par *L'Obs* à Moscou, les deux anciens ministres des Affaires étrangères français et russe de l'époque, Hubert Védrine (1997-2002) et Igor Ivanov (1998-2004), ont eu un rare dialogue, sans langue de bois, pour tenter d'analyser ce qui n'avait pas fonctionné. Constat amer d'Igor Ivanov: «Nous avions un immense rêve, après la chute du mur de Berlin, de pouvoir bâtir une grande Europe pour nos enfants. Je suis déçu par la situation actuelle. J'ai tenté de la bâtir, mais ma génération ne la verra pas, peut-être la suivante. Malgré un grand nombre d'accords, de documents, etc., nous n'avons pas su passer aux choses concrètes entre l'Union européenne et la Russie. Nous sommes tous coupables, notre génération politique n'a pas su faire.» L'ancien chef de la diplomatie russe déplore que les dirigeants d'alors n'aient pas su créer les conditions de la «confiance» entre l'Est et l'Ouest. «La confiance ne s'achète pas, elle se bâtit avec peine. Si nous avions créé les "espaces communs" européens dont nous parlions en 2003, nous aurions pu éviter la crise ukrainienne. C'est un exemple de ce que nous n'avons pas su faire. Je ne suis pas ici pour pleurer, mais pour voir comment agir.»

Hubert Védrine a lui aussi reconnu des erreurs, des «rendez-vous manqués» dans la gestion collective de l'après-guerre froide, qui pèsent lourdement sur le climat actuel. Il les a résumés en trois points : 1. « La Russie voit des complots partout » ; 2. « L'Union européenne a raté certaines choses » ; 3. « Les États-Unis ont commis des erreurs qui ont aggravé la situation ». Le vrai problème, selon l'ancien chef de la diplomatie française, est qu'à la fin de la guerre froide « les Occidentaux ont pensé qu'ils avaient gagné, et que la Russie devait devenir un pays européen quelconque parmi les autres. Or la Russie est... redevenue la Russie, et les Européens trouvent que ce n'est pas bien. Ils en veulent aux Russes d'être redevenus russes ». Il faut, a-t-il conclu, « repenser l'Europe et la Russie, reconstruire une relation ».

Poutine superstar

Le drame est qu'entre-temps la confiance a disparu, les sources de tension se sont multipliées, et le régime de Vladimir Poutine s'est singulièrement durci. Beaucoup de Russes, et pas seulement les dirigeants, sont persuadés que les Occidentaux sont nécessairement derrière les « révolutions de couleurs » dans les Républiques ex-soviétiques (Biélorussie, Géorgie, Moldavie, ou encore « Maidan » en Ukraine ou les manifestations d'opposition à Moscou en 2012...), ou même à la manœuvre dans les « Printemps arabes » de 2011 qui ont fait chuter des despotes. Ils reprochent aux Occidentaux les promesses non tenues de ne pas étendre l'Otan à l'est, et que Bill Clinton et George W. Bush ont ignorées. Les Occidentaux, eux, dénoncent l'intervention à peine cachée de Poutine en Ukraine, son annexion illégale de la Crimée, son autoritarisme régressif en Russie transformée en « démocrature » (démocratie + dictature), et une tendance à ne suivre qu'une seule règle du jeu : la sienne.

Dans la galerie de portraits des principaux dirigeants de ce début de XXIᵉ siècle, Vladimir Poutine est assurément le plus fascinant, le plus complexe. Cet ancien agent du FSB – le successeur du KGB –, qui fut en poste en Allemagne de l'Est, a un temps « flirté » avec les milieux libéraux de Saint-Pétersbourg, avant de devenir l'homme de la renaissance russe, tendance autoritaire. Il surfe sur une popularité en béton chez lui, malgré l'effondrement de l'économie et la baisse du niveau de vie, grâce à une construction d'image minutieuse (Poutine torse nu, Poutine chassant l'ours, Poutine en judoka, etc.) et à la suppression des opinions contraires. À l'aéroport de Moscou, fin 2015, j'ai pu acheter – en dollars – un superbe tee-shirt de Poutine en libérateur de la Crimée, vêtu d'une chemise plutôt hawaïenne… En défiant parfois brutalement l'ordre international comme en Crimée, ou en profitant du vide stratégique en Syrie en 2015, Vladimir Poutine s'est imposé comme le personnage clé de cette époque. Pas rassurant.

D'autant que le « système Poutine », sans être devenu un « modèle » comme pouvait l'être pour certains le système soviétique, est devenu le symbole d'un courant « illibéral », pour reprendre, là encore, une formule de Fareed Zakaria, dans un article de la revue américaine *Foreign Affairs* en 1997, justement intitulé « The Rise of Illiberal Democracy[1] », « La montée en puissance de la démocratie illibérale ». Il pointait le fait qu'après la poussée démocratique enregistrée presque partout à la fin de la guerre froide, on assistait à une tendance inverse, qui vidait la démocratie de sa dimension « libérale » au sens politique et anglo-saxon du terme, au profit d'un autoritarisme assumé. Comme dans la publicité, ça a l'apparence de la démocratie, ça en a le goût, mais ça n'est plus réellement la démocratie.

La formule a fait florès, assumée telle quelle dans ses discours par le président hongrois Viktor Orban – que l'on avait connu dissident *libéral* à la fin de l'époque communiste, et que l'on retrouve président *illibéral* de l'ère démocratique postcommuniste, érigeant des barbelés contre les migrants et agitant sans hésiter la fibre populiste. En 2014, Viktor Orban a prononcé un discours qui a fait trembler l'Europe, en prédisant que les démocraties libérales étaient sans avenir et en citant en exemple la Russie et la Turquie, et même la Chine non démocratique. Un an plus tard, son ambassadeur à Paris tentait de nous convaincre du bien-fondé de cette position, en s'appuyant sur un texte d'Orban aux relents fascistes. Le président hongrois entraîne avec lui une partie de l'Europe centrale sur la pente autoritaire, avec pour premières victimes les institutions, la justice, les médias, la culture, le rapport à l'histoire, que des États forts veulent à tout prix contrôler pour « garantir la stabilité ». Qui ne reconnaîtra pas le

---

1. https://www.foreignaffairs.com/articles/1997-11-01/rise-illiberal-democracy

« système Poutine » dans cette description ? Et que dire de la fascination qu'exerce Poutine sur une partie de la classe politique française ? Sur l'extrême droite avec les prêts de banques russes au Front national ; sur François Fillon, ami personnel du président russe du temps où ils étaient tous deux Premiers ministres, et sur une partie de son entourage ouvertement « poutinien » ; et, de l'autre côté de l'échiquier, sur Jean-Luc Mélenchon qui parle de la Russie de Poutine sans beaucoup d'esprit critique, même quand des opposants s'y font assassiner.

En face du dirigeant russe, Barack Obama aurait pu être le président vertueux réconciliant l'Amérique avec le monde, et les Américains avec eux-mêmes et leur histoire raciale tourmentée. Mais ce « président céré-bral », selon un fin observateur de la scène washingto-nienne, a certes redressé l'économie américaine après la crise de 2008 et donné une image de modernité à la Maison-Blanche après les années Bush, mais il ter-mine son mandat sur un double constat d'échec : en interne avec la « révolte » d'une majorité de l'électorat qui a choisi Donald Trump car elle se sent « abandon-née » par Washington, et sa politique étrangère pru-dente et hésitante qui laisse le sentiment cruel d'une absence de choix plutôt que d'une stratégie claire. L'élection contre toute attente, en novembre 2016, de Donald Trump, est d'abord le signe des dégâts colla-téraux, longtemps sous-estimés, d'une mondialisation qui a laissé une bonne proportion de perdants sur le bord de la route. Surtout dans un pays sans filet social protecteur comme les États-Unis. Qu'un milliardaire démagogue, sexiste et raciste, ait pu l'emporter, est un signe de plus de cette révolte feutrée qui ne choisit pas ses porte-paroles du moment qu'ils incarnent un pied de nez à l'establishment. En l'occurrence personnifié par Hillary Clinton. Ce faisant, c'est un changement d'époque qui aura de profondes conséquences géopolitiques à un moment de grande instabilité, et contribuera à affaiblir durablement les États-Unis et leurs alliés dans la redistribution des cartes à l'échelle mondiale.

En politique étrangère, le bilan d'Obama reste à faire. Il a certes tourné des pages historiques avec l'Iran et Cuba, tenté de sortir les États-Unis des conflits hérités de son prédécesseur, et engagé pour la première fois son pays vers la transition écologique avec le traité de Paris sur le climat, mais le bilan laisse un goût largement inachevé. Face à la détermination froide d'un Poutine, et dans un environnement international de plus en plus dégradé, le séduisant Obama aura été le bon président... au mauvais moment.

Le « cancer » syrien

La guerre de Syrie restera le dossier sur lequel les historiens se pencheront assurément pour établir le bilan des huit années, placées sous le signe de l'indécision, de l'ère Obama sans doute obnubilé, pour de bonnes raisons, par le désir de ne pas s'engager dans un nouveau conflit moyen-oriental. À l'arrivée, l'inaction de Barack Obama se révèle aussi problématique que les erreurs de ses prédécesseurs. Le président américain, qui avait commencé son mandat en prononçant au Caire un discours courageux tendant la main au monde arabo-musulman, s'est, de fait, retrouvé sans stratégie lorsque a démarré la vague des révolutions arabes de 2011, nouvel épisode dans la longue quête de modernité politique, économique et sociale de cette partie du monde.

Mais cette lame de fond prometteuse, signe de l'apparition d'une nouvelle génération connectée, n'a pas réussi à changer la donne par rapport à des décennies d'impasses politiques : les révolutions – à l'exception notable mais fragile de la Tunisie – ont été confisquées, déjouées, défaites. Obama a sacrifié son allié Hosni Moubarak pour accompagner un mouvement populaire, mais a toujours eu un coup de retard par rapport aux événements, en particulier en Syrie. Ce pays, gagné par la contagion démocratique au printemps 2011, s'est progressivement transformé en champs de bataille définissant les rapports de force internationaux de notre époque. D'abord entre les deux pôles de l'islam, chiite et sunnite, entre l'Iran et l'Arabie saoudite, puis par l'intervention de toute une série d'acteurs extérieurs, Russes, Américains, Turcs, Français… Tous bombardent, arment ou financent un conflit qui a fait plusieurs centaines de milliers de morts, mis plus de Syriens sur les routes de l'exode qu'il n'en reste chez eux.

Chaque décennie ou génération a « son » conflit de référence qui a suscité l'horreur et mis à mal la gouvernance mondiale. Il y a eu le Cambodge avec les Khmers rouges, le génocide rwandais, ou encore Srebrenica en Bosnie-Herzégovine. C'est aujourd'hui la Syrie, pays martyr dont plus personne ne détient la clé : ni le régime, qui se sait protégé par la Russie mais ne peut pas pour autant gagner ; ni l'opposition modérée des débuts du soulèvement, qui n'a pas reçu l'appui espéré et a progressivement été débordée par les islamistes radicaux ; ni, enfin, les groupes djihadistes qui ont fait de la Syrie leur « vitrine » apocalyptique et attiré des recrues du monde entier, mais n'ont pas pour autant les moyens de l'emporter sur un champ de bataille classique. Et le reste du monde, faute de pouvoir éteindre l'incendie, l'alimente cyniquement pour avancer ses pions ou se donner l'illusion d'agir. Un film, un livre, incarnent à mes yeux ces « années syriennes » si tragiques, si catastrophiques pour la Syrie d'abord, mais pour le monde aussi. Le film : *Eau argentée*, en 2014, cosigné par le réalisateur syrien exilé à Paris Ossama Mohammed et la jeune Kurde Wiam Simav Bedirxan, un dialogue entre Paris et la ville assiégée de Homs, poétique, tragique, absurde. Le livre : *Les Portes du néant* de l'écrivaine syrienne d'origine alaouite (comme le pouvoir du clan Assad) Samar Yazbek, un des grands récits de guerre de notre époque, incarné, personnel, vécu, qui éclaire d'un jour cruel la descente aux enfers de la « révolution syrienne », ses désillusions, ses échecs.

La principale caractéristique de cette période est que les « parrains » extérieurs au Moyen-Orient ne sont pas réellement en mesure de dicter leur loi, laissant des conflits insolubles se développer tels des cancers, dans un terrible équilibre de la terreur. Il suffit de regarder les dépenses militaires dans la région en

2015 pour comprendre : Arabie saoudite, 85 milliards de dollars, + 183 % ; Émirats arabes unis, 22,7 milliards de dollars, + 117 % ; sultanat d'Oman, 9,8 milliards de dollars, + 220 % ; Iran, 10 milliards de dollars, + 76 % ; Israël, 17,5 milliards de dollars, + 24 %... L'industrie d'armement française n'est pas la dernière à en bénéficier.

Autre effet de l'affaiblissement de l'idée même de gouvernance mondiale, la crise qui se déroule en mer de Chine du Sud, où la Chine tente d'instaurer sa loi sur des zones maritimes contestées, une manière d'imposer un rapport de force qui ferait de Pékin le centre de gravité d'une Asie toujours placée sous « parapluie » américain. Pékin a royalement ignoré, en juillet 2016, l'avis du Tribunal international de La Haye saisi par les Philippines, et qui a rendu un avis défavorable à Pékin sur les droits de propriété maritime. De la part d'un membre permanent du Conseil de sécurité de l'ONU, en passe, de surcroît, de devenir la première économie mondiale, ce n'est pas un très bon signe... Mais Xi Jinping, le maître absolu de la Chine postmaoïste mais toujours dopée aux méthodes de pouvoir du Grand Timonier, considère que l'heure est revenue pour son pays de 1,4 milliard d'habitants de redevenir l'« empire du Milieu », première puissance mondiale qu'il était jusqu'à sa confrontation avec les Européens au milieu du XIXe siècle.

Il fut un temps où il était simple, sinon simpliste, de décrire le monde en camp du bien contre camp du mal. La guerre froide était l'une de ces époques où tout nous conduisait à voir le monde de manière binaire : je me souviens de ma première incursion au-delà du rideau de fer, au début des années 80, alors plein d'appréhension car je pensais inconsciemment aller sur une autre planète, tandis que je me retrouvais à Varsovie, dans une Europe un peu désuète, vieillotte, kafkaïenne, mais pas du tout « martienne »... À l'opposé, si on avait « la chance d'avoir des parents communistes », comme dirait Josiane Balasko[1], l'enfer était outre-Atlantique, dans le monde impérialiste yankee.

L'administration Bush fils a remis au goût du jour, dans les années 2000, la vision binaire du monde, avec l'« axe du mal » qui, de Bagdad à Pyongyang en passant par des « États faillis » comme la Somalie, menaçait l'*American way of life*. Face à de vraies menaces, comme l'a montré le 11 septembre 2001, le président américain et son entourage néoconservateur ont voulu saisir l'occasion d'aller plus loin et de remodeler le monde à leur image. Ils ont lamentablement échoué et durablement affaibli leur « camp ».

Le monde d'« après » est plus complexe, plus lourd d'incertitudes, et même si certains sont tentés de continuer de le voir en noir et blanc, avec l'islam, les Chinois ou Poutine dans le rôle de l'indispensable ennemi, ou

---

1. *Tout le monde n'a pas eu la chance d'avoir des parents communistes* est un film de Jean-Jacques Zilbermann, sorti en 1993, avec Josiane Balasko, Maurice Bénichou et Jean-François Dérec. Le film se déroule en 1958, en plein référendum gaulliste pour la Constitution de la Ve République, dans une famille de communistes français occupés à accueillir la tournée en France des chœurs de l'Armée rouge. Un film culte sur une génération politique qui a grandi au cœur de la guerre froide.

avec Donald Trump en improbable leader du « monde libre », nous ne sommes pas obligés de les suivre. Entre un monde idéal qui n'existe pas et le « conflit de civilisations » auquel aspirent aussi bien les djihadistes aux visions apocalyptiques[1] que certains Occidentaux qui rêvent d'en découdre[2], il y a un vaste champ des possibles à explorer, à saisir, à reconstruire.

On aurait pu croire l'Europe – et plus particulièrement la France – idéalement positionnée pour devenir une force de proposition dans un monde sans repères. Il a fallu déchanter, et cette désillusion-là pèse lourd dans le sentiment dominant que l'avenir nous échappe. Car ces transformations du monde nous concernent et nous affectent : elles conditionnent la manière dont

---

1. Voir à ce sujet l'ouvrage très documenté de Jean-Pierre Filiu, *L'Apocalypse dans l'islam* : « L'islam a, tout comme les deux autres monothéismes, nourri une vision dense et impressionnante du Jugement dernier. Il a particulièrement développé un récit apocalyptique où les petits puis les grands "signes de l'heure" ouvriraient une terrifiante "séquence eschatologique". »

2. En 2003, le professeur de théologie de l'université de Lausanne Thomas Römer reçoit un coup de téléphone du palais de l'Élysée. Les conseillers de Jacques Chirac souhaitent en savoir plus sur Gog et Magog, deux noms « mystérieux » qui ont été prononcés par George W. Bush alors qu'il tentait de convaincre la France d'entrer en guerre à ses côtés en Irak. Gog et Magog sont deux créatures qui apparaissent dans la Genèse, et surtout dans deux chapitres des plus obscurs du livre d'Ézéchiel de l'Ancien Testament. Prophétie apocalyptique d'une armée mondiale livrant bataille finale à Israël. Bush aurait ainsi déclaré à Chirac que Gog et Magog étaient à l'œuvre au Moyen-Orient, et que les prophéties bibliques étaient en train de s'accomplir. *In* Jacques Sterchi, « Un petit scoop sur Bush, Chirac, Dieu, Gog et Magog », *La Liberté, Rue89*, 17 septembre 2007 (http://rue89.nouvelobs.com/2007/09/17/un-petit-scoop-sur-bush-chirac-dieu-gog-et-magog-2911).

l'économie mondiale fonctionne et donc l'emploi en France ; elles déterminent la guerre et la paix, y compris, on le voit, dans les rues de Paris ou de Nice ; et elles déterminent la manière dont la planète se portera dans l'avenir. Pour toutes ces raisons, l'affaiblissement du poids de la France, et de l'Europe, depuis plus d'une décennie, joue un grand rôle dans le sentiment qui prévaut, pour la première fois, que ce monde échappe à notre contrôle...

Par où reprendre le fil de la reconstruction ? Peut-être, d'abord, en comprenant un monde qui n'est pas si incompréhensible, mais qui nous oblige à remettre en cause nos certitudes. Difficile, n'est-ce pas ?

2

La France rentre dans le rang

Où se situe la France dans cet environnement changeant, confus et dangereux ? Si on demandait aux Français quand ont-ils eu pour la dernière fois le sentiment que leur pays comptait vraiment sur la scène internationale, ils répondraient sans doute : en 2003, lorsque Paris a dit non à l'aventure américaine en Irak. Ce serait en tout cas ma réponse, même si les guerres de Libye en 2011 et du Mali en 2013, ou encore l'accord de Paris sur le climat, le 12 décembre 2015, ont donné l'illusion d'une action française décisive. Déclin inexorable, poids relatif en recul dans un monde changeant, ou... mauvais choix ? C'est la question à laquelle il va bien falloir répondre.

Le discours de Dominique de Villepin au Conseil de sécurité de l'ONU, le 14 février 2003, outre ses qualités d'éloquence, est sans doute l'un des plus beaux exemples historiques de refus de s'aligner de la part d'un pays allié des États-Unis. Cela a coûté cher à la France aux États-Unis – l'épisode symbolique des frites, les « *French fries* » rebaptisées « *Freedom fries* » à Washington, reste dans les mémoires –, mais aujourd'hui la guerre d'Irak est unanimement considérée comme une monumentale erreur de l'administration Bush, et la France est louée pour sa lucidité de l'époque.

On pourrait mesurer l'évolution de la France depuis ce moment dans un petit carnet de notes que je conserve, et dans lequel j'ai relevé ces phrases à deux ans d'intervalle. Mes premières notes portent sur un briefing d'un conseiller de l'Élysée à l'époque de Jacques Chirac, en novembre 2006 : « L'Otan ne doit pas apparaître comme le gendarme d'un monde occidental bien-pensant. [...] l'Otan n'est pas l'alpha et l'oméga de l'organisation de la sécurité internationale [...] le risque est que l'Otan devienne le club occidental de sécurité qui s'étendra au monde entier. » Quelques pages plus loin, des notes prises en 2008, lors d'un briefing équivalent de l'ère Sarkozy : « Pendant trente ans, la France a été hypocrite. Elle a fait chier tout le monde, et elle y allait. On a joué au gaullisme à peu de frais. Nicolas Sarkozy dit clairement des choses qui étaient déjà dans les faits... Sa vision du monde : la France est dans le bloc occidental, c'est assumé, et c'est une rupture... L'Otan devient globale, y compris en Afrique. »

L'« homme de la rupture », Nicolas Sarkozy, a en effet tourné le dos à trois décennies de diplomatie « gaullo-mitterrandienne » – selon l'appellation contrôlée assez ironique quand on connaît l'opposition farouche que le futur président socialiste a menée contre le fondateur de la Ve République. Dans son premier grand discours de politique étrangère, ses vœux au corps diplomatique le 18 janvier 2008, neuf mois après son élection, Nicolas Sarkozy a affiché la couleur : « J'ai d'abord voulu situer, franchement et nettement, et là est la première rupture, la France au sein de sa famille occidentale. […] En se plaçant clairement dans sa famille occidentale, la France, et c'était mon objectif, accroît sa crédibilité, sa marge d'action, sa capacité d'influence à l'intérieur comme à l'extérieur de sa famille. D'ailleurs, comment espérer avoir de l'influence sur sa famille politique si, dans le même temps, on n'y a plus sa place ou si les membres de cette famille politique se méfient de vous ? La capacité d'influence de la France sur sa famille occidentale tient à la clarté de son engagement et de ses choix. »

Cette prise de position s'est matérialisée par la décision de Paris de rejoindre les structures militaires intégrées de l'Otan, dont le général de Gaulle avait retiré la France en 1966, cette décision-ci étant l'une des plus importantes de politique étrangère de la Vᵉ République. Toujours membre de l'Alliance atlantique, la France n'a jamais été loin de ses alliés, même lorsqu'elle n'appartenait plus à ses structures militaires ; mais justement, cette distance-là faisait toute la différence, y compris aux yeux du monde. François Hollande n'a pas remis en cause le choix de Nicolas Sarkozy, d'abord par souci de stabilité de la politique extérieure du pays, mais aussi parce qu'il s'est révélé tout aussi à l'aise avec cet « occidentalisme », une continuité inattendue.

Devoir d'ingérence ?

La diplomatie française a, de fait, été progressivement gagnée par l'idée, à la base généreuse et inscrite dans l'universalisme français, du « droit », puis « devoir d'ingérence ». Mais celle-ci a été dévoyée, confondue avec un « occidentalisme » de plus en plus mal vécu par le reste du monde, et pas seulement les despotes voulant protéger leur pouvoir. Elle a fini par se confondre avec le néoconservatisme américain et un messianisme démocratique mal conçu. L'invasion catastrophique de l'Irak en 2003, décidée par l'administration Bush et le noyau néoconservateur qui en avait pris le contrôle, a marqué cette convergence : les partisans français du « devoir d'ingérence » se sont retrouvés du côté des soutiens de cette intervention, minoritaires dans un pays très largement contre.

L'idée est ancienne, au cœur de toute l'organisation collective du monde : de la Société des Nations (SDN) qui ne parvint pas à entendre l'appel au secours du négus d'Éthiopie face à l'invasion italienne en 1936[1], à l'Organisation des Nations unies (ONU) dont on a constaté précédemment l'impuissance. Mais elle est aussi générationnelle, liée à l'air du temps soixante-huitard et à

---

1. Le 30 juin 1936, l'empereur d'Éthiopie, le négus Hailé Sélassié, prend la parole à Genève où siège la Société des Nations, pour dénoncer l'occupation de son pays par l'armée fasciste italienne de Mussolini. Tout comme la guerre d'Espagne, l'invasion de l'Éthiopie fait partie des prémices de la Seconde Guerre mondiale. Les délégués de la SDN l'applaudissent, mais les puissances européennes préfèrent jouer l'« apaisement » et ignorent le plaidoyer de ce petit homme frêle vêtu de blanc (https://www.youtube.com/watch?v=u0GDs-FIFJ4).

l'expérience des «French doctors» au Biafra, lors de l'atroce guerre de sécession d'une partie du Nigeria, acte de naissance du «sans-frontiérisme»[1]. De cet engagement humaniste, on est passé à l'«ingérence humanitaire» et à une tentative de faire tomber à tout prix le mur de la souveraineté qui empêchait de porter assistance aux victimes.

Qui se souvient que, près de cent cinquante ans avant Bernard Kouchner, la France avait mené sa première intervention militaire «humanitaire» au Liban et en Syrie, afin de sauver les chrétiens d'Orient menacés au cœur de l'Empire ottoman? Éditoriaux indignés, corps expéditionnaire, habillage humanitaire d'ambitions coloniales, tout y était. Comme l'écrit Yann Bouyrat dans son récit de cette opération, «l'intervention française de 1860 constitue [...] bien plus, à nos yeux, qu'une simple répétition, un ancêtre vague et lointain des opérations "humanitaires" militarisées des années 90 et 2000. Son intérêt réside aussi dans le fait qu'avant comme pendant son déroulement, elle a soulevé des questions très similaires à celles que l'ingérence humanitaire pose aujourd'hui[2]».

---

1. La guerre du Biafra, de 1967 à 1970, a opposé l'État nigerian, indépendant depuis 1960, à sa province sécessionniste du Biafra, riche en pétrole. Le conflit, remporté par l'armée du gouvernement central du Nigeria, a été marqué par des atrocités et une famine au sein de la population civile soumise à un blocus durable, et a provoqué l'engagement humanitaire de jeunes médecins français parmi lesquels Bernard Kouchner.

2. Pierre Haski, «150 ans avant Hollande, la première intervention humanitaire française au Levant», *Rue89*, 14 septembre 2013 (http://rue89.nouvelobs.com/2013/09/14/quand-france-pratiquait-lingerence-humanitaire-levant-1860-245670).

En devenant un instrument d'État, l'ingérence humanitaire a perdu son âme, et sa légitimité. Car les États ont des raisons auxquelles les humanitaires n'adhèrent pas nécessairement (ce qui pose d'énormes problèmes aux humanitaires indépendants d'aujourd'hui, devenus des cibles car confondus avec le bras non armé de l'Occident). Quand Bernard Kouchner passe de Médecins du monde aux allées du pouvoir, d'abord dans le gouvernement de Lionel Jospin, puis comme ministre des Affaires étrangères de Nicolas Sarkozy, le beau principe s'écrase sur la raison d'État, ou parfois sur les calculs politiciens. Aucun gouvernement n'a encore su trouver le juste équilibre du « ni-ni » diplomatique : ni indifférence, ni ingérence.

De fait, en une décennie, les bouleversements du monde, les difficultés du pays et le changement de génération au pouvoir à Paris ont rendu la France moins audible. « La voix de la France n'est plus guère écoutée. Les difficultés de son économie ne suffisent pas à expliquer cet état de choses. La France semble avoir perdu l'indépendance et l'intelligence des situations qui lui donnaient un rôle à part. [...] Croyant renforcer sa main en s'alignant sur plus puissant qu'elle – les États-Unis d'Amérique –, elle y perd sa crédibilité », accuse même, dans une charge un peu nostalgique, un « club des Vingt » composé d'anciens ambassadeurs de France, mais aussi d'intellectuels comme Régis Debray ou Rony Brauman, ou d'hommes passés de la diplomatie à l'industrie comme Francis Gutmann, qui en est le président.

Certes, elle reste une puissance militaire capable
de projeter des forces au Mali, de bombarder les
positions du groupe État islamique en Syrie, ou de
déployer dans le Golfe le seul porte-avions à propul-
sion nucléaire qui ne soit pas sous pavillon américain !
Mais, comme le souligne avec perfidie Dominique
de Villepin, qui observe désormais de loin ces
affaires qui l'ont longtemps occupé : « Nous faisons
du tout-militaire parce que nous ne savons pas faire
autre chose. C'est le seul bouton dont dispose le président de la République qui fonctionne. » Ou, plus
méchamment encore, selon le philosophe Marcel
Gauchet, rédacteur en chef de la revue *Le Débat*, dans
un livre d'entretiens justement intitulé *Comprendre le
malheur français* : « Quant au fameux "chef de guerre",
permettez-moi de tempérer l'enthousiasme qui saisit
la tribu journalistique à l'évocation de nos exploits.
La "guerre" en question, ce sont des opérations de
police internationale, d'envergure limitée, sur des
théâtres éloignés. […] La petite guerre est le moyen
pour nos responsables de renouer un instant avec la
grande politique dont ils se tiennent assez éloignés
habituellement. »

Ce « bouton » militaire qui fonctionne encore
ne suffit effectivement pas à définir une politique.
L'intervention internationale en Libye, déclen-
chée le 19 mars 2011 à l'initiative de la France et du
Royaume-Uni, avec la caution d'un vote unanime du
Conseil de sécurité des Nations unies et le soutien logistique décisif des Américains, en constitue un magnifique contre-exemple : toutes proportions gardées, la

France a commis en Libye les mêmes erreurs que l'administration Bush huit ans plus tôt en Irak.

Ce qui ressemblait sur le coup à un sans-faute – éviter de peu par une intervention militaire décisive un massacre de civils par un régime despotique – s'est transformé en cauchemar pour les Libyens, plongés dans une guerre des milices et des gouvernements rivaux ; en menace aussi pour la région sahélienne inondée d'armes et de combattants jusque-là confinés en Libye, et pour l'Europe qui avait « délégué » à Kadhafi le contrôle de l'immigration à sa frontière sud. Les tentatives d'implantation de l'État islamique en Libye ont achevé de transformer ce pays en risque stratégique à quelques encablures des côtes italiennes. Au passage, les dégâts collatéraux sont également diplomatiques : la Russie, qui avait soutenu une résolution de l'ONU limitée à la protection des populations civiles, a été furieuse de se retrouver avec une opération de « *regime change*», de renversement du pouvoir en place, avec la mort, dans des conditions infâmes, de Mouammar Kadhafi[1]. La Russie n'a plus voté une seule résolution importante au Conseil de sécurité après ce qu'elle a vécu comme une duperie.

---

1. Mouammar Kadhafi a été capturé le 20 octobre 2011 alors qu'il se cachait dans un tunnel de drainage des eaux dans la région de Syrte, après avoir fui Tripoli. Filmé encore en vie après sa capture, il aurait été sodomisé avec un bâton ou même une baïonnette, avant d'être achevé. Il a été transporté mort ou agonisant à l'hôpital de Misrata. Des avions français auraient joué un rôle dans son interception, une information qui n'a jamais été confirmée par Paris.

Cette aventure politico-militaro-humanitaire réunit plusieurs ingrédients classiques du fiasco à la française : à la manœuvre, un intellectuel, Bernard-Henri Lévy, infatigable arpenteur de champs de bataille en chemise blanche immaculée ; un président impopulaire, Nicolas Sarkozy, voulant faire oublier les ratés de la révolution tunisienne, lorsque sa ministre des Affaires étrangères, Michèle Alliot-Marie, compromise jusqu'au cou avec l'entourage de Ben Ali, avait proposé d'exporter le savoir-faire français en matière de maintien de l'ordre, en soutien à la police tunisienne ; et une vie politique « court-termiste » qui virevolte d'un sujet à l'autre, sans se préoccuper des lendemains une fois le « bon coup » réalisé et les bénéfices politiques engrangés.

BHL raconte dans son livre épique, *La Guerre sans l'aimer. Journal d'un écrivain au cœur du printemps libyen*, comment il « branche » Nicolas Sarkozy sur la rébellion libyenne contre le régime despotique du colonel Kadhafi par un coup de téléphone surréaliste de Benghazi, la deuxième ville de Libye passée du côté des insurgés. Il lui « vend » une rencontre avec une délégation de chefs rebelles dont il ne sait quasiment rien, mais qu'il décrit comme les « Massoud libyens », en référence au grand et respecté chef de guerre afghan, le commandant Massoud, assassiné à la veille du 11 septembre 2001. Sarkozy, premier à le faire, rencontre donc les chefs autoproclamés de la rébellion, et s'engage dans l'engrenage libyen. Cinq ans après, on apercevra le même BHL en arrière-plan sur les photos prises à l'Élysée lors d'une visite de commandants peshmergas kurdes d'Irak auprès du successeur de Nicolas Sarkozy,

François Hollande. Plus ça change… Ni BHL ni Sarkozy
n'acceptent de remettre en question «leur» guerre, faisant porter le chapeau du fiasco à… François Hollande!

Il faut traverser la Manche pour trouver une tentative d'analyse critique de cette guerre, dans un rapport
parlementaire britannique publié en septembre 2016,
un exercice démocratique que les députés français
n'ont pas jugé utile de faire. Le rapport britannique est
particulièrement sévère pour David Cameron, Premier
ministre à l'époque de l'intervention, auquel il est
notamment reproché d'avoir été suiviste vis-à-vis de…
Nicolas Sarkozy! Les députés britanniques critiquent
les instigateurs de cette guerre pour avoir construit
un récit unilatéral sur la situation à Benghazi, avoir
ignoré toute autre option que la guerre, et surtout
ne pas avoir eu de plan pour le jour d'après… C'est à
peu près le même reproche qu'a fait Barack Obama
–qui n'était pas favorable à cette intervention mais
s'était laissé convaincre par sa secrétaire d'État Hillary
Clinton et certains de ses conseillers– aux Européens,
dont il espérait qu'en raison de leur proximité géogra-
phique avec la Libye ils seraient «plus investis dans la
suite». Au lieu de cela, a-t-il confié au magazine *The
Atlantic*, Cameron a vite été «distrait par autre chose»,
et Sarkozy a surtout voulu se vanter de sa «campagne
aérienne»[1]…

Cinq ans après, la France et ses alliés cherchent
encore à maîtriser les conséquences stratégiques

---

1. Jeffrey Goldberg, «The Obama Doctrine», *The Atlantic*, avril
2016 (http://www.theatlantic.com/magazine/archive/2016/04/
the-obama-doctrine/471525).

catastrophiques de cette intervention mal pensée, mal gérée.

Occidentalisme

Le clivage de politique étrangère, en France, n'est toutefois pas tant droite-gauche qu'entre « occidentalistes » et tenants d'une voie médiane « gaullo-mitterrandienne », s'il faut donner des noms à des sensibilités différentes. Le 20 mai 2016, Hubert Védrine et Dominique de Villepin, deux anciens ministres des Affaires étrangères, l'un ancien collaborateur de François Mitterrand et chef de la diplomatie de Lionel Jospin, l'autre auprès de Jacques Chirac, se sont retrouvés à la tribune d'un débat à l'Institut du monde arabe, à Paris. Ils se sont découvert de nombreuses convergences. Sur la critique de cet « occidentalisme » énoncée par Dominique de Villepin, ou sur le rejet du « béhachélo-kouchnérisme », selon la formule féroce d'Hubert Védrine, inspirée de l'interventionnisme de Bernard-Henri Lévy et du « French doctor » Bernard Kouchner, et qui, selon lui, s'épuise.

Leur seule divergence portera sur les interventions militaires : l'ancien ministre de Jacques Chirac s'oppose à toute action militaire dans le monde arabo-musulman, qu'il considère comme « une des grandes causes de nos problèmes » ; tandis que l'ex-collaborateur de Mitterrand refuse d'exclure par principe le recours à la force prévu par le chapitre 7 de la Charte des Nations unies et défend, à ce titre, l'intervention française au Mali en 2013. Il ne s'agit pas de regretter les régimes de Kadhafi ou de Saddam Hussein en Irak, d'impitoyables dictatures, mais ils estiment que l'Occident n'est ni légitime ni efficace pour apporter la démocratie par la force à d'autres peuples, faire leur bien malgré eux comme on le pensait à l'époque des colonies.

Le jugement sévère de ces deux hommes, dont chacun reconnaît qu'ils incarnent des moments importants de la diplomatie française, permet de poser des questions qui fâchent, et qui sont donc rarement soulevées dans le contexte du terrorisme djihadiste qui a frappé la France. Y a-t-il une autre politique étrangère possible que celle qui a mis la France, à partir de 2007, à la remorque de Washington, renonçant au rôle de « bâtisseur de ponts » ? Que ce soit vis-à-vis de la Russie, de l'Iran, ou encore de l'Algérie, la France a du mal à se singulariser, à redevenir une force de proposition dans un monde complexe et dangereux. Au risque de se retrouver seule à défendre une action militaire en Syrie –qu'il s'agisse ou pas d'une bonne idée– dès lors que Barack Obama y renonce, comme cela s'est passé à l'été 2013, et progressivement marginalisée par la suite dans cette crise majeure qui redéfinit les rapports de force internationaux. Ou encore de se retrouver « orphelin » et désorienté quand Donald Trump est élu à la Maison Blanche en remettant en cause les fondamentaux de la diplomatie américaine. Hubert Védrine estime sévèrement que « les élites ont démissionné, elles manquent de vision historique » ; tandis que Dominique de Villepin appelle à « faire de la politique » face aux problèmes qui nous entourent, thèse qu'il développera dans un livre volumineux publié à l'automne 2016, *Mémoire de paix pour temps de guerre.*

En bon analyste, et non plus acteur, de la diplomatie française, le politiste Bertrand Badie porte un jugement plus nuancé : « La France n'a pas encore vraiment intégré qu'elle était une puissance moyenne et qu'elle n'était plus seule au monde. En tant que puissance moyenne, elle ne manque pas pour autant d'atouts. Elle a un bon ancrage multilatéral, que ce soit dans l'ensemble européen ou aux Nations unies. C'est là qu'elle peut continuer à jouer un rôle. Mais il faut rompre avec l'idée simpliste, archaïque et réductrice d'une "famille occidentale" dont elle serait membre. Il faut adopter une politique étrangère réellement mondialisée, qui s'appuie sur le relais des différentes organisations régionales et qui comprenne en outre que les modèles martiaux classiques ne sont plus opérants. Et enfin, il faut construire une véritable politique de l'altérité : reconnaître l'autre ne veut pas dire être d'accord avec lui mais admettre la pluralité pour négocier ensuite les modes de coexistence internationale au lieu de les décréter[1]. »

Un programme réaliste pour lequel la France ne manque en effet pas d'avantages : un réseau diplomatique mondial comme peu de pays en ont (même

---

1. Marc Semo et Catherine Calvet, « Bertrand Badie : "L'Occident doit compter avec un monde qui n'est plus exclusivement le sien" », *Libération*, 18 mars 2016 (http://www.liberation.fr/debats/2016/03/18/bertrand-badie-l-occident-doit-compter-avec-un-monde-qui-n-est-plus-exclusivement-le-sien_1440614).

s'il est à la peine budgétairement depuis des années), une expertise académique et diplomatique ancienne et reconnue, des ONG actives dans la société civile internationale, un « soft power » important s'appuyant sur une histoire riche, un patrimoine culturel exceptionnel, et une contribution importante à la vie des idées, une langue qui reste l'une des plus parlées dans le monde, en particulier en Afrique, le continent à la plus forte progression démographique...

Mais la France continue de se vivre comme une grande puissance, alors que, comme le souligne l'historien des relations internationales Maurice Vaïsse, « le décalage apparaît évident entre les ambitions et les moyens. Si tant est qu'elle les ait jamais eus, la France n'a plus les moyens d'une politique étrangère globale ». Au lieu de prétendre à la grande puissance en paroles tout en s'alignant dans les faits, la France pourrait jouer de ses atouts de puissance moyenne avec sa singularité, qui pourrait être utile dans un monde troublé.

Ces atouts ne sont toutefois rien sans une vision qui a d'autant plus disparu que le grand projet dans lequel se projetait jusqu'ici la France, la construction européenne, est en échec.

L'Europe sans âme

L'Europe joue un grand rôle dans le regard désenchanté de la France sur un monde qui n'évolue pas comme elle l'espérait, et sur le rang qu'elle y tient. La construction européenne n'a jamais été aussi populaire en France que pendant les « années Delors », lorsque, de 1985 à 1995, un Français présidait la Commission européenne à Bruxelles. Ancien syndicaliste catho de gauche, passé par la « nouvelle société » de Jacques Chaban-Delmas – le Premier ministre de Georges Pompidou –, puis par le Parti socialiste et le ministère de l'Économie et des Finances des trois premières années de l'ère Mitterrand, Jacques Delors dirige l'Europe à un moment charnière. Celle-ci change de vitesse, avec l'Acte unique créant le marché intérieur européen, le traité de Schengen instaurant la libre circulation, l'entrée de l'Espagne et du Portugal, et surtout le traité de Maastricht qui annonce le lancement de l'euro, la monnaie unique.

Même si le traité de Maastricht fut l'occasion d'une rude bataille lors du référendum organisé en France le 20 septembre 1992, où le « oui » ne l'emporta qu'à 51,04 %, les Français se reconnaissaient globalement dans cette Europe dirigée par l'un des leurs. Consciemment ou inconsciemment, ils avaient le sentiment que l'Europe serait une « grande France », une projection continentale du rêve de puissance et d'influence français que la taille de l'Hexagone ne permettait plus d'assouvir…

Le rêve a tourné court, pour plus d'une raison. D'abord, reconnaissons-le, ce rêve de grandeur et de puissance n'était pas partagé par la plupart des partenaires de la France, qui se contentaient d'une communauté à vocation économique doublée d'une protection américaine. Plus d'un Européen a été agacé par ce qu'il faut bien appeler l'arrogance française, pas toujours fondée, et qui fait que la presse allemande ne se réfère à la France que par son surnom ironique de « Grande Nation », allusion à l'époque napoléonienne… Le général de Gaulle est passé par là, qui a gonflé l'orgueil gaulois au-delà du raisonnable, une méthode qui ne lui a pas mal réussi mais laisse des traces !

Assurément, la succession à Bruxelles de « petits hommes gris », tranchant avec la figure rassurante de Jacques Delors, a contribué à transformer aux yeux des Français « Bruxelles » en ce bouc émissaire facile de tous les maux, en incarnation impersonnelle de la figure du bureaucrate sans légitimité. Le procès est injuste, et Bruxelles cache le plus souvent les lâchetés des gouvernements nationaux, mais le mal est fait. Il faut dire que la dernière péripétie avec le « transfert », à l'été 2016, de l'ancien président de la Commission européenne, José Manuel Barroso, à la banque d'affaires Goldman Sachs et sa réputation sulfureuse, a fini d'achever un divorce de l'opinion avec l'institution bruxelloise.

Incontestablement, aussi, l'élargissement trop rapide de l'Union a contribué à faire perdre sens à l'un des plus beaux projets de l'après-guerre. Les Français peinent à se sentir une communauté de destin avec une Slovaquie qu'ils ont du mal à situer sur la carte, et encore moins avec un « plombier polonais » venu travailler en France avec un statut social au rabais, polémique notoire du référendum de 2005, que l'on retrouve sous une autre forme dans le vote britannique du Brexit en 2016. La « mayonnaise » paneuropéenne a du mal à prendre.

François Mitterrand en avait eu l'intuition, lui qui avait tenté de proposer aux pays d'Europe centrale et orientale une « salle d'attente » sous la forme d'une « Confédération européenne », dont n'était d'ailleurs pas exclue la Russie, alors encore l'URSS, et qui n'empêcherait pas la Communauté existante, formée de pays aux parcours similaires, d'approfondir ses structures. Un sommet fut même organisé en juin 1991 à Prague, mais l'empressement des ex-pays communistes à rejoindre au plus vite les deux « maisons » rassurantes à leurs yeux qu'étaient la Communauté européenne pour l'économie et l'Otan pour la sécurité eut raison de ce projet mort-né. Sans oublier un sérieux travail de sape des Américains, trop contents de détacher des pans entiers de l'« Empire soviétique ». Présent au sommet de Prague, j'avais alors critiqué cette initiative ; mais, rétrospectivement, c'est sans doute une occasion ratée qui aurait changé le cours de l'histoire européenne.

Lorsque, en 2005, la France s'est divisée sur le traité constitutionnel européen (TCE), je me trouvais encore à Pékin comme correspondant. Vu de loin, et en particulier de la capitale chinoise, il me semblait évident que cette Constitution était indispensable pour donner à l'Europe la capacité de négocier avec des mastodontes comme la Chine ou les États-Unis dans le monde multipolaire qui s'annonçait. J'avais en tête cette anecdote remontant à 1999, lorsque la Chine et les États-Unis avaient conclu un accord, après des années de négociations, sur l'adhésion de Pékin à l'Organisation mondiale du commerce (OMC), un enjeu énorme pour l'économie chinoise. Les Chinois pensaient en avoir fini quand Pascal Lamy, le commissaire européen au commerce, parlant au nom des quinze États membres de l'époque, débarqua à Pékin avec sa propre liste de sujets à régler. Pour la première fois, la Chine était confrontée à l'Europe et pas à ses États membres individuellement, et il lui fallut négocier un an de plus. Cela s'appelle un rapport de force, et, avec la Chine, ça compte !

De retour en France, j'ai mieux compris les raisons de la victoire du « non » de 2005, en France mais aussi aux Pays-Bas, qui marquaient une prise de distance avec cette Europe trop abstraite, trop libérale, trop bureaucratique, à l'image du texte indigeste qui était soumis au vote. La promesse de « subsidiarité », ce mot barbare qui signifie que tout ce qui peut être réglé au niveau le plus bas ne doit pas remonter au niveau supérieur, n'a pas été tenue, et les décisions apparaissent de plus en plus éloignées des citoyens qui les subissent ; même si Bruxelles a souvent été blâmé pour des décisions qui étaient du ressort des États membres.

2005 constitue assurément un tournant : la manière dont les responsables politiques ont géré les conséquences de la victoire du « non » pèse lourd, très lourd, dans le discrédit de la « chose » politique. Que le traité de Lisbonne, bricolé après l'échec du projet de Constitution, adopté en 2009, ait été ratifié en France par la voie parlementaire pour ne pas risquer un nouvel échec, a été vécu par une bonne partie de l'électorat, et pas uniquement les partisans du « non », comme un déni de démocratie, une méfiance vis-à-vis du peuple ; qui laisse des traces.

Vingt ans après son départ de Bruxelles, à 90 ans, Jacques Delors ne cache pas son dépit, et ses inquiétudes, face au spectacle de cette Europe désunie sur des sujets aussi importants que l'accueil des réfugiés ou la dette grecque, en butte à la défiance et parfois l'hostilité de ses peuples, menacée de marginalisation dans un monde en pleine mutation. Cécile Amar, qui a publié en 2016 un livre d'entretiens avec lui, raconte ses regrets vis-à-vis de cet élargissement trop grand et trop rapide, pas assez pensé. Mais ce n'est pas la seule explication : « C'est une des raisons des difficultés. La seconde, c'est le prodigieux changement induit par la mondialisation, accompagné d'une nouvelle salve de progrès technique avec le numérique. Parfois, nos dirigeants n'ont pas vu clair, n'ont pas intégré le futur. Ils ont été trop vite en acceptant l'intégration de nouveaux pays. [...] Lorsqu'un de mes amis tâte le pouls du Conseil européen aujourd'hui, il a plus l'impression de 28 membres qui veulent bien échanger entre eux certaines choses, en appliquer d'autres. Mais c'est tout. La vision d'une Europe unie que plus personne n'ose réellement défendre, de ce qu'elle pourrait faire, n'est pas partagée par tous. C'est ce que j'avais dit, il y a des années, mais le mot était peut-être trop calotin : l'Europe n'a pas d'âme. [...] Le mot voulait dire, dans mon esprit, une acceptation du vivre-ensemble, comme on dit en parlant des entreprises, une *affectio sociotatis*. Et maintenant nous souffrons de cette absence. C'est peut-être là que le bât blesse le plus. » Un autre grand ancien, Michel Rocard, s'exclamait, fin 2015 à un forum de *L'Obs* à Bruxelles, quelques mois avant sa disparition : « L'Europe, c'est fini, on a raté le coche, c'est trop tard. » De la part d'Européens aussi convaincus que Delors ou Rocard, ces jugements donnent la mesure de la désillusion.

Affaiblie économiquement et politiquement, la France n'a plus, non plus, au sein de cette Europe, le poids qu'un des fondateurs – deuxième économie de la zone euro et puissance militaire la plus active du continent – devrait avoir. La promesse était pourtant là, pendant la campagne électorale de François Hollande en 2012 : celle de renégocier le « pacte de stabilité » (novlangue pour « rigueur budgétaire », voire « austérité » pour certains pays) négocié par Nicolas Sarkozy et pas encore ratifié. Les socialistes allaient « réorienter l'Europe »… Mais c'était une promesse illusoire sinon mensongère que de penser qu'un accord conclu à vingt-huit pourrait être revu pour cause d'alternance en France, sauf à risquer la crise que le nouvel élu n'a pas souhaitée. Résultat, un habillage avec un zeste de croissance pour faire passer la pilule et renoncer au changement de cap promis, une nouvelle entorse au pacte avec les citoyens. J'étais au Cirque d'hiver, à Paris, au printemps 2012, lorsque les sociaux-démocrates du continent, SPD allemand en tête, sont venus soutenir « François » ; mais la gauche européenne « de gouvernement », qui promet depuis trente ans une Europe plus sociale sans jamais avoir eu les moyens de l'imposer, connaît un lent déclin qui frise parfois l'obsolescence intellectuelle et politique.

À chaque crise, les commentateurs guettent le sursaut, observent du côté de Berlin si une fumée blanche indique que le couple franco-allemand bouge encore, et s'il pourra sauver non seulement l'édifice de la construction européenne et sa promesse de paix et de coopération, mais l'idée même d'une Europe vertueuse. Car l'Europe, nous l'oublions souvent dans notre sévérité légitime à son égard, reste malgré tout le modèle de protection sociale le plus avancé du monde, affiche des normes environnementales exigeantes qui servent de référence jusqu'à Pékin, et a permis la libre circulation des personnes qui tenait littéralement, jusqu'aux dernières entorses, d'un miracle unique au monde. Tout cela est objectivement menacé aujourd'hui. La crise financière démarrée en 2008 aux États-Unis a fait vaciller un édifice maladroitement construit, comme chacun le reconnaît désormais : la gestion de la crise grecque, avec son lot d'humiliations pour les Grecs, quelles qu'aient été leurs responsabilités et surtout celles de leur ancienne classe politique, a irrémédiablement abîmé le rêve européen. S'y sont ajoutés l'afflux des réfugiés du Moyen-Orient et au-delà, qui a semé la zizanie entre les États membres, et l'irruption du terrorisme djihadiste qui a décrédibilisé un peu plus une construction européenne qui se voulait « protectrice ».

Hubert Védrine, observateur autant qu'acteur, considère que l'opinion française se partage en trois « camps » vis-à-vis de l'Europe : une minorité « eurohostile », à l'extrême droite et, de plus en plus, à l'extrême gauche ; une minorité europhile, fédérale et idéaliste ; et enfin un gros bloc, sans doute majoritaire, qui serait eurosceptique, ce qui est différent d'eurohostile. Si cette analyse est juste, une majorité peut se recréer

autour d'un projet crédible et mobilisateur, pas insti-
tutionnel mais concret, qui comprendrait sans doute
une dimension centrée sur un « noyau dur » d'États qui,
avec la France et l'Allemagne, seraient prêts à aller plus
loin ; réaliser enfin cette « Europe à géométrie variable »
dont on parle depuis vingt ans sans réellement la faire.
Mais les dirigeants européens sont-ils encore capables
de l'imaginer ? Et surtout de convaincre leurs peuples
de ne pas choisir la voie de la séparation, de l'isolement
et du nationalisme, un pari qui ignorerait les leçons,
pourtant claires, de l'histoire du xxe siècle.

Dans un livre paru en 2014, Pascal Lamy, que les
Français connaissent surtout pour avoir été le « patron »
de l'OMC, ce qui lui vaut une solide étiquette infamante
de social-libéral, mais qui a aussi été le plus proche collaborateur de Jacques Delors à Bruxelles pendant ses
années à la tête de la Commission, propose une piste :
un rapprochement « beaucoup plus étroit » entre la
France et l'Allemagne, pour aboutir à une véritable
alliance dans tous les domaines. Il propose même une
date pour un mariage inédit : « 2045, lorsque la France
et l'Allemagne compteront chacune 72 millions d'habitants ! » Chiche !

En attendant, avec la liberté de ton qui le caracté-
rise, l'ambassadeur de France aux États-Unis, Gérard
Araud, a évoqué sur son compte Twitter en 2016 la
« faillite d'une génération » à propos des frontières
qui se dressent à nouveau sur le continent européen.
Il a raison. Les péripéties de l'histoire mettent parfois des générations politiques face à des responsabilités majeures : les guerres, évidemment, mais aussi les

lendemains de guerre, comme l'ont montré Français et Allemands par le passé, ou encore les changements d'époque, les grandes ruptures technologiques, les bouleversements sociétaux. C'est sans nul doute ce que nous vivons aujourd'hui, plaçant les dirigeants européens face à des décisions auxquelles rien ne les a préparés, ni dans leurs parcours personnels, ni dans les programmes ou les idéologies qui les ont conduits aux responsabilités.

Les dirigeants européens, y compris français, pour la plupart de modestes gestionnaires sans grande prise sur une réalité globalisée, sont confrontés à la mission impossible de gérer l'urgence tout en projetant leurs pays dans un monde en mutation. Et d'entraîner avec eux des opinions qui n'y croient plus. Y a-t-il pourtant, pour la France, un projet alternatif à celui d'une Europe unie, surtout lorsque les États-Unis, en élisant Donald Trump, choisissent une voie qui les éloigne du leadership occidental qu'ils exerçaient de fait depuis la Seconde Guerre mondiale ? Préfère-t-on l'autre option, c'est-à-dire un repli national mortifère et gage d'un déclin assuré dans un monde globalisé et ouvert ?

3

Afrique : la France est sortie de l'histoire

L'histoire est racontée par Jean-David Levitte, alors conseiller diplomatique de Nicolas Sarkozy. Le président français devait prononcer un important discours à Dakar, à l'occasion de sa première visite officielle sur le sol africain depuis son élection en mai 2007. Escale à Tripoli, auprès du colonel Kadhafi, pour le remercier d'avoir libéré les infirmières bulgares et le médecin palestinien retenus en Libye, affaire dont on aura surtout retenu le rôle de Cécilia Sarkozy, avant que la « Première dame » ne tire sa révérence...

L'avion décolle de Tripoli pour Dakar, mais le projet de discours n'est toujours pas arrivé. À Paris, dans son bureau à l'Élysée, le conseiller spécial du président, Henri Guaino, entouré de ses précieux livres, peine à le terminer. C'est dans l'avion, avec la lenteur d'un fax aérien, que le président de la République prend connaissance du discours qu'il va prononcer dans quelques heures seulement à l'université dakaroise qui porte le nom prestigieux de l'anthropologue Cheikh Anta Diop. Page après page, le texte d'Henri Guaino surgit de la machine, ne permettant qu'une lecture rapide avant l'atterrissage dans la capitale sénégalaise.

Jean-David Levitte, le conseiller diplomatique, qui reconnaît volontiers ne pas avoir vu sur le coup l'énormité que contenait le texte préparé par Henri Guaino, raconte qu'il s'enfonce dans son siège, de honte, en entendant un peu plus tard Nicolas Sarkozy prononcer devant des centaines de personnalités africaines, les paroles que lui fait dire son « nègre » : « Le drame de l'Afrique, c'est que l'homme africain n'est pas assez entré dans l'histoire. [...] Le paysan africain qui, depuis des millénaires, vit avec les saisons, dont l'idéal de vie est d'être en harmonie avec la nature, ne connaît que l'éternel recommencement du temps rythmé par la répétition sans fin des mêmes gestes et des mêmes paroles. [...] Jamais l'homme ne s'élance vers l'avenir. Jamais il ne lui vient l'idée de sortir de sa répétition pour s'inventer un destin. » On connaît la suite. Ce discours, d'un invraisemblable paternalisme et sans rapport avec l'Afrique d'aujourd'hui, fait scandale : les tribunes et les livres enflammés se multiplient. Aminata Traoré, la pasionaria et ancienne ministre malienne, lui adressera un pamphlet en guise de réponse, intitulé *L'Afrique humiliée*.

La personnalité clivante de Nicolas Sarkozy, y compris au-delà de l'Hexagone, est assurément pour beaucoup dans les réactions emportées que suscite ce discours. Mais c'est aussi le signe que la parole se libère vis-à-vis de l'ancienne puissance coloniale visiblement déconnectée des réalités du continent; l'heure est venue de solder quelques vieux comptes.

Et si c'était la France qui était sortie de l'histoire africaine ? Elle y est entrée par effraction, et en est sortie sur la pointe des pieds, attirée par un destin européen aux allures de mirage à la fin de la guerre froide; fatiguée, aussi, d'un rôle impérial qui ne disait plus son nom mais s'était perpétué au-delà du raisonnable. Une erreur, à mes yeux, et même une trahison.

J'ai découvert l'Afrique francophone dans les années 80, après avoir surtout voyagé et résidé dans la partie anglophone du continent noir. Le choc fut brutal en approchant, alors que j'étais en charge de la rubrique africaine de *Libération*, la réalité de ce qui fut baptisé la « Françafrique[1] ». Le général de Gaulle, tout en décolonisant en 1960, avait mis en place un réseau de pouvoir et d'influence considérable – d'Abidjan à Libreville en passant par Lomé ou Bangui – qui garantissait à la fois une aire d'influence à la France, un bloc de votes « amis » à l'ONU, mais aussi un marché captif.

« Allô, ici Foccart… ! »

Le symbole absolu de ce réseau est évidemment Jacques Foccart, cet homme de l'ombre du général de

---

1. L'expression « Françafrique » a été formulée par François-Xavier Verschave, qui en fit le titre d'un livre qui dénonçait le néocolonialisme français en Afrique. Mort en 2005, Verschave fut poursuivi en justice par plusieurs chefs d'État africains, mais suscita également des polémiques à propos de ses méthodes d'investigation.

Gaulle, de la Résistance à la lutte contre l'OAS avant de devenir pour l'éternité le « Monsieur Afrique » du gaullisme. Il m'a reçu un jour dans son bureau situé dans un hôtel particulier, 2, rue de l'Élysée, l'élégante rue adjacente au palais présidentiel, alors qu'il venait de reprendre du service malgré ses 73 ans lorsque Jacques Chirac fut nommé Premier ministre de cohabitation en 1986. Il évoquait les différentes affaires africaines du moment comme s'il avait eu le matin même tous les protagonistes au téléphone, et c'était sans doute le cas. Son pouvoir s'était émoussé et les enjeux étaient bien différents de l'époque où il faisait la pluie et le beau temps en Afrique, dans les années 60 et 70 ; mais la mécanique fonctionnait encore bien. On a rarement, à ce point, le sentiment d'être en présence d'un « monument historique » vivant…

Son nom disparaît progressivement de la mémoire collective française, mais il faut se souvenir de ce qu'il a incarné, mis en place et dirigé, au-delà du mythe. Son biographe, Frédéric Turpin, ouvre son volumineux ouvrage par ces lignes : « "Allô, ici Foccart… !" Combien de hauts fonctionnaires et de personnalités françaises et africaines ont entendu ces quelques mots scandés tel un sourd crépitement de mitraillette ? Combien se sont mis mentalement au garde-à-vous lorsque le bras droit du général de Gaulle les appelait afin d'obtenir une information ou demander un service ? Ils furent probablement très nombreux mais peu l'avoueront. Certains prétendront même n'avoir jamais eu le moindre contact avec lui. Les décennies s'égrenant, les mémoires se sont érodées. Surtout, le mythe Foccart a triomphé. En se focalisant sur certains aspects de l'action du personnage (barbouzes, affaires africaines, etc.), la légende noire a capté la mémoire de Jacques Foccart au point d'en faire une vulgate communément admise comme une vérité historique absolue. »

Cette « légende noire » a bien existé, même si elle ne résume pas à elle seule trente ans d'histoire. Les « affaires africaines » ont une part d'ombre considérable, dans laquelle des régimes ont été faits et défaits, des personnalités assassinées, des répressions « couvertes », des intérêts économiques favorisés au prix d'une corruption institutionnalisée et bénéficiant également aux principaux partis politiques français. Arriver à Libreville, la capitale de l'« émirat » d'Elf-Aquitaine en Afrique centrale, au début des années 80, c'était sentir le parfum pesant de la « Françafrique » sous la houlette d'un inamovible ambassadeur de France et d'un chef (français) de la garde présidentielle qui avaient droit de vie et de mort. Trente-cinq ans plus tard, le clan Bongo est toujours là et se déchire, avec un rapport toujours ambigu avec Paris.

C'est avec ce système clairement néocolonial que François Mitterrand devait rompre en 1981. Enfin, c'est ce que j'avais cru... Journaliste passionné par l'Afrique, j'avais été invité à quelques réunions de la cellule Afrique du Parti socialiste, lors de l'élaboration du programme de la présidentielle de 1981. Une belle brochure fut publiée, contenant les propositions du candidat de la gauche, pour rompre avec ce qu'on n'appelait pas encore la « Françafrique ».

Les débuts du premier président socialiste de la Ve République furent, de ce point de vue, flamboyants. Le ton était donné au Quai d'Orsay avec le tiers-mondiste Claude Cheysson, soucieux de payer les matières premières au juste prix et de développer les relations Nord-Sud, et à la « rue Monsieur », au ministère de la Coopération, le très rigoureux Jean-Pierre Cot dont la première déclaration fut pour dire qu'il consultait le rapport annuel d'Amnesty International avant tout déplacement. Mais François Mitterrand avait aussi pris soin de perpétuer le système de la « cellule Afrique » de l'Élysée, confiée à un cacique du PS – par ailleurs son dentiste –, Guy Penne, flanqué d'un adjoint au patronyme familier, Jean-Christophe Mitterrand. Deux pôles de pouvoir, deux « lignes », et, au final, un clash.

Il est rare d'assister en direct à un renoncement politique. En mai 1982, je suivais pour *Libération* le premier déplacement en Afrique de François Mitterrand après son élection : Niger, Côte d'Ivoire et Sénégal. Après l'étape de Saint-Louis du Sénégal, dont les habitants étaient devenus français dès la Révolution de 1789, j'écrivais ce triste constat : « On avait annoncé, au départ de Paris, un discours important à Saint-Louis, une sorte de nouvel "appel de Mexico[1]" prononcé cette fois dans un des États les plus démocratiques d'Afrique, bref un volet "droits de

---

1. À Mexico, en octobre 1981, en route vers le sommet Nord-Sud de Cancún, François Mitterrand avait prononcé un vibrant appel à la liberté : « À tous les combattants de la liberté, la France lance son message d'espoir. Elle adresse son salut aux femmes, aux hommes, aux enfants mêmes, oui, à ces "enfants héros" semblables à ceux qui, dans cette ville, sauvèrent jadis l'honneur de votre patrie, et qui tombent en ce moment même de par le monde, pour un noble idéal. »

l'homme et démocratie" après les deux premiers consacrés à la sécurité et aux problèmes de développement. Il n'y eut, en fait, qu'une simple phrase sur l'engagement de la France en faveur des "droits élémentaires de la personne". Pas de souffle, pas de message. Pourquoi avoir changé d'avis ? Pour ne pas, dit-on, froisser les deux pays précédemment visités qui auraient pu se sentir visés... Après une tournée au cours de laquelle il a voulu faire passer un message sur la nouvelle politique de la France, l'étape de Saint-Louis s'est plutôt apparentée à une visite préfectorale pour annoncer des mesures sociales[1]... » Le lendemain, en conclusion du voyage, *Libération* titrait : « Mitterrand de retour d'Afrique : l'empire tient bon ».

Six mois plus tard, Jean-Pierre Cot, l'homme qui avait cru qu'il avait été nommé pour appliquer le programme du PS, quittait le gouvernement, confirmant la victoire de la « cellule Afrique » de l'Élysée sur les « idéalistes » de la rue Monsieur. Après son départ, ce fut *business as usual* en Françafrique. À l'origine de ce

---

« – Salut aux humiliés, aux émigrés, aux exilés sur leur propre terre qui veulent vivre et vivre libres.

« – Salut à celles et à ceux qu'on bâillonne, qu'on persécute ou qu'on torture, qui veulent vivre et vivre libres.

« – Salut aux séquestrés, aux disparus et aux assassinés qui voulaient seulement vivre et vivre libres.

« – Salut aux prêtres brutalisés, aux syndicalistes emprisonnés, aux chômeurs qui vendent leur sang pour survivre, aux Indiens pourchassés dans leur forêt, aux travailleurs sans droit, aux paysans sans terre, aux résistants sans armes qui veulent vivre et vivre libres.

« – À tous, la France dit : "Courage, la liberté vaincra." Et si elle le dit depuis la capitale du Mexique, c'est qu'ici ces mots possèdent tout leur sens. »

1. Pierre Haski, « Mitterrand à Saint-Louis : une visite préfectorale », *Libération*, 26 mai 1982, p. 15.

départ, un « coup de gueule » d'Omar Bongo, le président du Gabon, fief du groupe pétrolier Elf et des services secrets français, pilier de la Françafrique cultivant les réseaux d'« amitié » en France. Incroyable mais vrai, Omar Bongo aura la peau d'un second ministre de la Coopération, Jean-Marie Bockel, en 2008, sous la présidence de Nicolas Sarkozy. Robert Bourgi, le conseiller Afrique officieux de l'Élysée à l'époque, en racontera les circonstances sur RTL : «Je suis allé voir le président de la République à l'Élysée en présence de M. Guéant et je lui ai passé le message ferme et voilé de menaces du président Bongo. Et il m'a dit : "Écoute, dis à Omar, comme il l'appelle, et aux autres chefs d'État que M. Bockel partira bientôt et sera remplacé par un de mes amis, un ami de M. Guéant[1]." »

Cette époque pas si ancienne paraît difficile à imaginer. Qui peut croire aujourd'hui qu'à Bangui, la capitale de la République centrafricaine, un lieutenant-colonel français avait plus de pouvoir que le président du pays dans les années 80 et 90 ? Cet officier, Jean-Claude Mansion, pouvait faire irruption dans le bureau d'un ministre s'apprêtant à signer un texte qui déplaisait et pouvait sembler contraire à des intérêts français, et le ministre s'inclinait… Cet homme –au demeurant courageux– en service commandé par un pouvoir socialiste, resta en fonction de trop longues années.

---

1. Pierre Haski, «Virer un ministre? C'est simple comme un coup de fil de Bongo», *Rue89*, 7 septembre 2009 (http://www.rue89.nouvelobs.com/2009/09/07/virer-un-ministre-cest-simple-comme-un-coup-de-fil-de-bongo-117123).

*« C'est un homme un peu dérangeant, le président
Sankara ! »*

François Mitterrand a pourtant touché du doigt
cette aspiration de l'Afrique au changement. L'un des
moments les plus extraordinaires qu'il m'ait été donné
de suivre dans un voyage présidentiel s'est déroulé à
Ouagadougou, la capitale du Burkina Faso (le « pays
des hommes intègres »), alors dirigé par le jeune capitaine Thomas Sankara, à mes yeux l'un des plus pas-
sionnants dirigeants que le continent ait connus depuis
l'époque des indépendances, malgré ses inévitables
zones d'ombre. François Mitterrand est en visite officielle au Burkina Faso, ce 17 novembre 1986, et s'ap-
prête à se rendre au dîner officiel offert par Sankara,
quand parvient de Paris une nouvelle terrible : l'assassinat du P-DG de Renault, Georges Besse, par le groupe
Action directe. Certains membres de l'entourage présidentiel poussent Mitterrand à annuler la soirée en
signe de deuil, mais le président est catégorique : les
affaires de l'État doivent se poursuivre normalement.

C'est dans cet état d'esprit lourd que François
Mitterrand arrive sur les lieux du dîner, accueilli par
une *Marseillaise* jouée à la guitare électrique par l'or-
chestre de l'armée burkinabè ! Thomas Sankara pro-
nonce un discours bien peu protocolaire, disant ce
qu'il a sur le cœur sur l'action de la France, sur les
combats qu'il soutient dans le monde, et fait même
quelques allusions aux ambiguïtés de son illustre invité,
qu'il invite au combat commun : « Vous-même, lui dit-il,
avez écrit quelque part dans les nombreuses pages que

vous avez offertes à la littérature française que tout prisonnier aspire à la liberté, que seul le combat libère. Ensemble, organisons-nous et barrons la route à l'exploitation, ensemble organisons-nous, vous de là-bas et nous d'ici, contre ces temples de l'argent. Aucun autel, aucune croyance, aucun livre saint, ni le Coran, ni la Bible, ni les autres, n'a jamais pu réconcilier le riche et le pauvre, l'exploiteur et l'exploité. Et si Jésus lui-même a dû prendre le fouet pour les chasser de son temple, c'est bien parce qu'ils n'entendent que ce langage. »

François Mitterrand se lève, écarte d'un revers de la main le discours que lui présente son aide de camp, et se lance dans une belle improvisation : « Je ne pouvais pas, moi, écouter le président Sankara, faire un petit compliment aimable, puis rentrer me coucher et dormir. C'est un homme un peu dérangeant, le président Sankara ! C'est vrai, il vous titille, il pose des questions… Avec lui, il n'est pas facile de dormir en paix : il ne vous laisse pas la conscience tranquille ! Moi, là-dessus, je suis comme lui. Il faut qu'il sache que je suis comme lui, avec trente-cinq ans de plus. Il dit ce qu'il pense, je le dis aussi. Et je trouve que dans certains jugements il a le tranchant d'une belle jeunesse et le mérite d'un chef d'État totalement dévoué a son peuple. J'admire ses qualités qui sont grandes, mais il tranche trop, à mon avis ; il va plus loin qu'il ne faut. Qu'il me permette de lui parler du haut de mon expérience[1]. » À ce moment-là, François Mitterrand met la main sur

---

1. Le texte intégral de ces deux discours est disponible sur un site consacré à la mémoire de Thomas Sankara : http://thomassankara. net/seul-le-combat-peut-liberer-notre/

l'épaule de Sankara qui a revêtu son plus bel uniforme d'apparat. Le lendemain de ce dialogue inédit entre deux chefs d'État, Thomas Sankara me reçoit dans son bureau avec quelques collègues : il jubile, François Mitterrand a relevé son défi au lieu de s'enfermer dans une dignité froissée comme il aurait pu le faire. Moins d'un an plus tard, pourtant, le 15 octobre 1987, il sera assassiné par son « frère d'armes » Blaise Compaoré, lui aussi capitaine, une contre-révolution dans laquelle certains ont perçu la main de la France, qui aurait, au mieux, laissé faire... Sankara disparu, les tenants de la Françafrique, à Abidjan, Libreville ou Paris, respirent.

Mitterrand, ministre des colonies

En 1981, la France a eu la possibilité de changer l'équation en Afrique, elle ne l'a pas fait. D'abord parce que François Mitterrand ne l'a pas voulu, lui dont les liens avec le continent noir remontaient à la IVᵉ République. Il fut un ministre de la France d'Outre-Mer (c'est-à-dire des colonies) zélé, confiant sa vision de l'avenir en des termes sans ambiguïté : « Un pouvoir central fortement structuré à Paris, des États et territoires autonomes fédérés au sein d'une communauté égalitaire et fraternelle dont les frontières iront des plaines des Flandres aux forêts de l'Équateur, telle est la perspective qu'il nous appartient de préciser et de proposer, car sans l'Afrique il n'y aura pas d'histoire de France au XXIᵉ siècle. » Et, à la même époque, il se lie d'amitié, sur les bancs de l'Assemblée nationale,

avec certains des futurs chefs d'État de l'Afrique indépendante, comme l'Ivoirien Félix Houphouët-Boigny
qu'il convainc de quitter le groupe communiste pour
rejoindre sa formation de centre gauche, la FGDS. Ça
crée des liens...

Cette histoire est tellement dense que le chercheur
Jean-François Bayart, qui a tenté de cerner la politique
africaine de Mitterrand au CERI-Sciences Po, s'est
demandé si c'était le président socialiste qui s'était
coulé dans le moule de ses prédécesseurs de droite
sur le continent africain, ou si c'étaient eux, le général de Gaulle en tête, qui avaient poursuivi et adapté
la politique préconisée par François Mitterrand dans
les années 50...

Une circonstance aggravante fut évidemment la
guerre froide, qui faisait du continent africain un enjeu
des rivalités Est-Ouest. Ce n'est pas un hasard si c'est
au lendemain de la chute du mur de Berlin, au sommet franco-africain de La Baule en 1990, que François
Mitterrand prononça son grand discours en faveur de
la démocratisation de l'Afrique, promettant une aide
accrue aux pays qui feraient ce choix. Mais ce virage fut
brusque, mal négocié, et plein d'arrière-pensées, sans
assurer « le service après-vente » selon une expression
à la mode à l'époque, restant comme une autre occasion ratée de lancer la France et ses anciennes colonies
sur de nouveaux rapports.

François Mitterrand comme Charles de Gaulle avaient
une « certaine idée » de l'Afrique et de ses relations
avec la France : ils ont cherché avant tout, non sans succès, à prolonger au-delà des inévitables décolonisations

l'influence française dans son ancien empire subsaha-
rien. Ce faisant, ils ont été conservateurs, au sens premier du terme, et n'ont pas préparé la suite, c'est-à-dire
un continent qui change, s'urbanise, rajeunit, et n'en
peut plus de sa position de laissé-pour-compte planétaire, dépendant de son ancien colonisateur.

Paradoxalement, c'est au moment où l'Afrique
se transformait que la France lui a progressivement
tourné le dos. Dans les années 90 et 2000, la France
a consacré son énergie et son attention à l'Europe en
pleine transformation après la fin des blocs. Jacques
Chirac a perpétué les rituels franco-africains, avec l'empathie qu'on lui connaît, les rouages de l'influence
française se sont prolongés, comme la zone franc
désormais liée à l'euro ; mais le désintérêt, l'ennui,
disons-le le mépris, l'ont progressivement emporté,
Nicolas Sarkozy arrivant en 2007 pour donner le coup
de grâce. François Hollande, lui, est redevenu « africain », pour reprendre le titre d'un livre, mais avant
tout sur le terrain sécuritaire, avec sa décision d'intervenir en 2013 contre une colonne djihadiste qui menaçait la capitale malienne Bamako, et contre la menace
de la secte islamiste Boko Haram au Nigeria, au Tchad
et au Cameroun. Il y manque l'idée, ancienne mais
jamais réellement mise en œuvre, d'un codéveloppe-
ment associant la France – et l'Europe – à l'Afrique
pour créer une zone de prospérité commune au lieu
d'opposer une impossible « forteresse Europe » à un
continent trop proche, trop grand, trop incertain.

La France n'a pas vu l'Afrique changer : le continent noir bouge, certes de manière inégale, entre

« États-faillis » d'un côté, « success-stories » de l'autre ; entre guerres djihadistes et incubateurs de start-up, parfois dans le même pays comme au Nigeria, ce géant anglophone d'Afrique de l'Ouest, dont l'industrie du cinéma, Nollywood, a conquis tout le continent tout en étant le principal pays frappé par la secte islamiste Boko Haram. L'Afrique offre également un paysage politique contrasté entre un Cameroun toujours géré par le même autocrate vieillissant depuis plus de trente ans, et le Burkina Faso qui s'est débarrassé du sien et a élu démocratiquement son président, ce qui ne suffit évidemment pas à résoudre ses nombreux défis de développement. L'Afrique s'est urbanisée, connectée, mélangée, s'est mise au mandarin, et si une partie de sa jeunesse rêve toujours d'émigration en Europe sans mesurer ce qui l'y attend, une autre partie veut en finir avec la fatalité de la misère, du népotisme, et du rapport malsain aux anciennes puissances coloniales. Une part du continent connaît une réelle croissance, un temps tirée par les prix des matières premières, mais ce n'est pas la seule explication.

La démographie de l'Afrique explose : sa population a été multipliée par quatre depuis les indépendances en 1960, dépassant le milliard d'habitants en 2014, pour doubler encore, selon les projections, d'ici à 2050. Elle rajeunit : l'âge médian est de 17 ans au Burkina Faso, contre 41 ans en France… Et elle s'urbanise inexorablement : un Africain sur deux résidera en ville d'ici à 2030, oubliant l'« harmonie avec la nature » du discours de Dakar… Des changements qui bouleversent toutes les analyses traditionnelles sur ce continent.

Le recul de la France est manifeste : au cours de la dernière décennie, la part de marché de Paris a diminué de moitié, alors que de nouveaux acteurs comme la Chine, l'Inde, la Turquie, les États-Unis ou même le Japon montaient en puissance de manière spectaculaire ; l'Allemagne a perdu ses colonies en 1918, mais elle est désormais passée devant la France dans les échanges avec l'Afrique... Il existe bien sûr parmi les entreprises françaises quelques exceptions notables dans ce paysage sinistré, comme Orange qui a misé sur le continent africain pour la téléphonie et la banque mobiles, le secteur bancaire, ou encore Total qui reste incontournable du Nigeria à l'Angola en passant par le Gabon et le Congo ; et surtout Vincent Bolloré, qui a récupéré les vieux réseaux franco-africains et a investi dans les plantations, la gestion des ports, les chemins de fer, soulevant au passage de nombreuses polémiques[1]. On sent certes un regain d'intérêt du monde des affaires français ces dernières années, mais, entre-temps, la désaffection africaine vis-à-vis de l'ancien colonisateur a gagné les esprits, le continent diversifiant ses relations, ses partenaires économiques et politiques, les destinations de ses étudiants.

---

1. J'ai été mis en examen à deux reprises sur plainte de Vincent Bolloré, en tant que directeur de la publication de *Rue89*, à propos de ses activités en Afrique : la première plainte a finalement été retirée à la suite d'un accord entre Bolloré et l'association Sherpa, auteur d'un rapport sur les conditions de travail sur les plantations africaines du groupe, dont nous nous étions fait l'écho ; la seconde, pour avoir relayé d'autres informations concernant l'accaparement des terres africaines par de grands groupes économiques, dont celui de Bolloré, a donné lieu à un procès en 2016, mais le plaignant a été débouté en première instance.

Un rapport sénatorial français en atteste : « Lors de nos déplacements en Afrique, les ambassadeurs de France ont, à notre demande, systématiquement organisé des déjeuners avec une quinzaine de leurs homologues africains souvent francophones. Dans ces vieux bâtiments qui témoignent de l'ancienneté de la présence française sur le continent, ces représentants de l'Afrique nouvelle nous ont souvent tenu le même langage : "Que fait la France ?" "Pourquoi après être resté si longtemps, partir au moment où tout le monde arrive[1] ?" »

« Changer de logiciel »

Le journaliste Antoine Glaser, excellent observateur des relations entre la France et l'Afrique depuis quarante ans, a décrit le défi de cette nouvelle donne pour Paris, lors d'un colloque de la fondation Res Publica de Jean-Pierre Chevènement, en décembre 2014. Il a insisté sur « l'importance pour la France de se réinventer par une connaissance de l'Afrique réelle qui ne lui ressemble pas. Il faut sortir de l'ambiguïté franco-africaine. Il ne sert à rien de passer d'une "Françafrique incestueuse" à une "Françafrique vertueuse" car cela reste une forme de Françafrique. Et tout ce qui vient de Paris est surinterprété, que ce soit par les dirigeants africains ou par leurs opposants. Pour sortir de cet anachronisme historique, la France doit totalement changer de logiciel

---

1. Rapport du groupe de travail sur « la présence de la France dans une Afrique convoitée », commission des Affaires étrangères et de la Défense du Sénat, Paris, 29 octobre 2013.

dans la nouvelle AfricaFrance. La France n'a pas d'amis en Afrique, mais ses interlocuteurs sont des Africains mondialisés qui entendent être respectés, sans forcément être francophiles même s'ils sont francophones.

« Ces Africains attendent de la France qu'elle enseigne dans ses écoles non seulement l'histoire de la période coloniale – et ce que l'Afrique et ses soldats ont apporté à la France pendant les deux guerres mondiales (tirailleurs sénégalais…) – mais l'Afrique des civilisations rayonnantes de l'Antiquité, des traditions orales, des royaumes, des ethnies, de toutes les cultures, des fantastiques potentialités de ce continent qui n'est pas un pays.

« Il y a autant en Afrique que dans la diaspora africaine en France un problème identitaire et une soif de reconnaissance extrêmement forte. Les prémices d'un Black Caucus à la française sont déjà perceptibles. Faute d'être écoutés, les Africains vont se constituer en bloc communautaire.

« Pendant un demi-siècle, la France n'a dialogué en Afrique qu'avec les dirigeants qu'elle avait souvent cooptés au pouvoir. Contrairement à certains de ses concurrents, elle connaît mal les sociétés civiles africaines qui sont aujourd'hui à la manœuvre pour changer leurs pays[1]. » En 2016, Antoine Glaser a publié un nouveau livre intitulé *Arrogant comme un Français en Afrique*, qui montre que son analyse de 2013 n'a pas beaucoup changé…

---

1. Actes du colloque « Que peut faire la France en Afrique subsaharienne ? », Fondation Res Publica, Paris, décembre 2014.

Un sapeur à Paris

Cette transformation serait salutaire, y compris pour la société française dans sa diversité mal assumée. Un homme est venu le dire avec le sourire aux Français au printemps 2016 : l'écrivain Alain Mabanckou, invité pour une « saison » à la chaire de création artistique du Collège de France. Né à Pointe-Noire, au Congo, étudiant en France puis professeur aux États-Unis, Mabanckou appartient à cette Afrique désormais mondialisée et décomplexée. Avec ses lunettes de « sapeur » (comme dans SAPE, Société des ambianceurs et des personnes élégantes, phénomène bien connu du bassin du Congo), le lauréat du prix Renaudot 2006 pour *Mémoires de porc-épic* enrobe de beaucoup d'humour et de phrasé une invitation à la rencontre : « La France se pose des questions. [...] Ma présence au Collège de France, c'est de dire aussi que nous avons un passé commun, qu'on arrête de penser l'histoire de l'Afrique comme un épiphénomène [...], l'histoire de la France est aussi cousue de fil noir. »

Né en 1966 et donc un enfant de l'Afrique indépendante, Alain Mabanckou refuse de se laisser enfermer dans une identité simplificatrice. Il s'en était expliqué dans un petit livre publié en 2012, intitulé *Le Sanglot de l'homme noir*, en référence directe au célèbre *Sanglot de l'homme blanc* de Pascal Bruckner publié trente ans plus tôt, et qui avait réglé son compte, en son temps, au « tiers-mondisme » ambiant et à la culpabilité occidentale. Malgré son titre, Mabanckou ne répond pas à Bruckner, mais s'adresse aux Noirs qu'il croise à

Paris et qui l'appellent « mon frère » parce qu'ils ont la même couleur de peau. Il écrit : « Qu'ont en commun un Antillais, un Sénégalais, et un Noir né dans le Xe arrondissement, sinon la couleur à laquelle ils se plaignent d'être constamment réduits. J'oublie évidemment la généalogie qu'ils se sont forgée, celle du malheur et de l'humiliation – traite négrière, colonisation, condition de vie des immigrés... Car par-delà la peau, ce qui les réunit, ce sont leurs sanglots. Je ne conteste pas les souffrances qu'ont subies et que subissent encore les Noirs. Je conteste la tendance à ériger ces souffrances en signes d'identité. Je suis né au Congo-Brazzaville, j'ai étudié en France, j'enseigne désormais en Californie. Je suis noir, muni d'un passeport français et d'une carte verte. Qui suis-je ? J'aurais bien du mal à le dire. Mais je refuse de me définir par les larmes et le ressentiment. »

Voilà l'homme dont la venue au Collège de France, qui ne manque pas de grands esprits, suscita un réel engouement que j'attribue en partie au désir d'entendre d'autres voix, peut-être pour comprendre ce qui « nous » arrive... Chaque semaine, plus de sept cents personnes se sont pressées dans trois salles du prestigieux bâtiment au Quartier latin, pour écouter les « leçons » d'Alain Mabanckou, disponibles également en vidéo[1]. Lors de la première conférence, il parla de la négritude, le courant fondé à deux pas du Collège de France, dans l'entre-deux-guerres, par

---

1. Sur le site du Collège de France : https://www.college-de-france.fr/site/alain-mabanckou/_audiovideos.htm

Léopold Sedar Senghor et Aimé Césaire, en puisant dans ses racines américaines et haïtiennes, en passant par quelques précurseurs comme René Maran, l'auteur martiniquais de *Batouala*, prix Goncourt 1921, premier lauréat noir du principal prix littéraire français. Alain Mabanckou a ironisé sur le sous-titre de l'édition de l'époque, « véritable roman nègre », en se promettant de l'indiquer sur la couverture de son prochain livre… C'était quelques jours avant qu'une ministre de la République n'emploie le mot « nègre » sans même s'en rendre compte ; elle aurait mieux fait de venir écouter Mabanckou.

«… *sans perdre son âme pour un plat de lentilles* »

Lors de sa conférence inaugurale, Alain Mabanckou n'a pas raté l'occasion de lancer, au cœur de l'une des plus prestigieuses institutions françaises, un appel à ouvrir les esprits : « Comment […] entrer dans la mondialisation sans perdre son âme pour un plat de lentilles ? Telle est la grande interrogation de cette littérature africaine en français dans le temps présent. Et la thèse de Dominic Thomas dans *Noirs d'encre* nous rappelle que l'heure est venue pour la France de comprendre que ces diasporas noires qui disent le monde dans la langue de Molière et de Kourouma se trouvent au cœur de l'ouverture de la nation au monde, au cœur même de sa modernité.

« J'appartiens à cette génération-là. Celle qui s'interroge, celle qui, héritière bien malgré elle de la fracture coloniale, porte les stigmates d'une opposition frontale de cultures dont les bris de glace émaillent les espaces entre les mots, parce que ce passé continue de bouillonner, ravivé inopportunément par quelques politiques qui affirment, un jour, que "l'homme africain n'est pas assez entré dans l'histoire" et, un autre jour, que la France est "un pays judéo-chrétien et de race blanche", tout en évitant habilement de rappeler que la grandeur du pays en question est aussi l'œuvre de ces tâches noires, et que nous autres Africains n'avions pas rêvé d'être colonisés, que nous n'avions jamais rêvé d'être des étrangers dans un pays et dans une culture que nous connaissons sur le bout des doigts. Ce sont les autres qui sont venus à nous, et nous les avons accueillis à Brazzaville, au moment où cette nation était occupée par les nazis.

« J'appartiens à la génération du Togolais Kossi Efoui, du Djiboutien Abdourahman Waberi, de la Suisso-Gabonaise Bessora, du Malgache Jean-Luc Rahimanana, des Camerounais Gaston-Paul Effa et Patrice Nganang. En même temps, j'appartiens aussi à la génération de Serge Joncour, de Virginie Despentes, de Mathias Énard, de David Van Reybrouck avec *Congo, une histoire,* de Marie Ndiaye avec *Trois femmes puissantes,* de Laurent Gaudé avec *La Mort du roi Tsongor,* de Marie Darrieussecq avec *Il faut beaucoup aimer les hommes,* d'Alexis Jenni avec *L'Art français de la guerre* et de quelques autres encore, qui brisent les barrières, refusent la départementalisation de l'imaginaire parce qu'ils sont conscients que notre salut réside dans l'écriture, loin d'une factice fraternité déterminée par la couleur de la peau ou la température de nos pays d'origine. »

En fin de programme, Alain Mabanckou réunit sa « bande », des intellectuels africains qui lui ressemblent, comme Célestin Monga, un économiste camerounais qui a dû quitter son pays en raison de l'intolérance, et a été nommé en 2016 vice-président de la Banque africaine de développement. Célestin, que je connais depuis trente ans, est l'auteur de plusieurs essais sur le devenir de l'Afrique, dont *Nihilisme et négritude*; ou Achille Mbembe, Camerounais, professeur d'histoire et de sciences politiques en Afrique du Sud et aux États-Unis, auteur d'une œuvre abondante, dont *Critique de la raison nègre*, et le dernier ouvrage, *Politiques de l'inimitié*, qui, à partir d'une relecture de Frantz Fanon, jamais très loin, conclut que « l'Europe, qui a tant donné au monde et a tant repris en retour, et souvent par la force et par la ruse, n'est plus le centre de gravité de celui-ci. Il ne s'agit plus d'aller chercher là-bas les solutions aux questions qu'ici nous pose. Elle n'est plus la pharmacie du monde ». Et d'évoquer les « exigences sinon d'une possible universalité, du moins l'idée de la terre comme ce qui nous est commun, notre commune condition ». Un programme enthousiasmant pour qui accepte de regarder le monde autrement.

Il est plus que temps de se retourner vers l'Afrique, non pas pour la « sauver », elle n'a pas besoin de nous, merci... Mais pour retrouver une part de nous-mêmes, et surtout une part de notre avenir. « Sans l'Afrique, il n'y a pas d'histoire de France au XXIᵉ siècle », disait François Mitterrand il y a soixante-dix ans : et s'il avait raison ?

4

Le tsunami technologique

Quel contraste entre l'état géopolitique du monde, inquiétant en cette deuxième décennie du XXIe siècle, et la véritable révolution scientifique et technologique, porteuse de tant de promesses, que nous traversons ! À moins que ce ne soit lié : le changement d'époque que nous vivons, quel que soit l'angle de vision, étant par nature déstabilisateur et anxiogène.

Je me suis souvent demandé ce qu'avaient pu ressentir les contemporains des grandes découvertes et inventions à leur apparition, l'imprimerie, l'électricité, la machine à vapeur, le chemin de fer, l'atome, etc., qui ont bouleversé les modes de vie, de production, ont bâti des richesses considérables et en ont détruit d'autres. C'est ni plus ni moins ce que nous vivons aujourd'hui, à grande échelle et au niveau planétaire.

Comment ne pas être fasciné par l'histoire des « luddites », ces révoltés contre la technologie du début du XIXe siècle ? Bruce Watson raconte, dans un livre qu'il leur a consacré : «Par une froide nuit d'avril dans les Midlands d'Angleterre, un groupe d'hommes déterminés a pris les armes contre l'ennemi le plus implacable de l'histoire. Cet ennemi ne possédait ni territoire, ni armes, ni soldats. Il n'avait aucun plan de bataille. Mais si cette petite armée cédait le moindre terrain, l'envahisseur les balaierait, volerait leur nourriture, leurs enfants, leur gagne-pain. Toute la journée, le bouche-à-oreille a circulé dans la vallée entre Leeds et Manchester, passant par les moulins et les pubs : "Le général a besoin de nous. On se retrouve à minuit à Dumb Steeple. Amenez une arme, et si vous connaissez quelqu'un de confiance, amenez-le." À minuit, ils étaient une centaine, certains masqués, d'autres au visage noirci, déguisés, faisant circuler des flasques de rhum pour se donner du courage. [...] Ils se mirent en marche à travers les champs dans la vallée silencieuse, pour mener une bataille qui, d'une certaine manière, n'a jamais pris fin. Leur cible : la technologie. »

La scène se passe en 1811, et les luddites sont les partisans de Ken Ludd, un ouvrier dont le nom est désormais associé dans l'histoire à la révolte des travailleurs contre la menace que fait peser l'automatisation sur l'emploi. En fait, personne n'est véritablement sûr que Ken Ludd ait réellement existé, il est possible que ce soit un pseudonyme pour protéger le « général » de la révolte de 1811, dirigée contre l'introduction de machines pour remplacer les hommes sur certaines tâches dans l'industrie textile anglaise. Au cours de cette nuit de révolte de 1811, soixante métiers à tisser furent détruits par les insurgés ; depuis, le « luddisme », ou le

« néo-luddisme », décrit la résistance aux machines, à la technologie.

Inutile de dire que les luddites de 1811 ont perdu leur bataille, rien n'a pu arrêter la révolution industrielle naissante et la mécanisation qui l'accompagnait. Quelques décennies plus tard, on peut lire dans le quotidien français *La Presse* du 10 janvier 1881 que l'industrie textile est à la veille d'une nouvelle révolution : les ingénieurs tentent de mettre au point « de petits moteurs mécaniques destinés à mettre en mouvement une ou plusieurs machines à coudre. [...] L'électricité sera peut-être le moyen le plus efficace à employer à cette réalisation ; déjà quelques essais ont été faits sans résultats complets[1] ».

Histoires de disruption

La suite de l'histoire est connue, c'est celle du capitalisme et de ses transformations au xxᵉ siècle, et, de nouveau, au début du siècle suivant. Ce que nous n'avons pas compris immédiatement, et dont nous ne percevons pas encore réellement toutes les conséquences, c'est à quel point la dernière vague technologique qui nous touche, la révolution numérique, représente un tournant, un changement de modèle qui balaie tout

---

1. Un site de la Bibliothèque nationale de France, Retronews.fr, permet de surfer, avec un moteur de recherche, sur la presse française du xIxᵉ siècle et de la première moitié du xxᵉ, dans sa mise en page de l'époque. Pour *La Presse* du 10 janvier 1881 : http://www.retronews.fr/reader/#126/394799/4

sur son passage, va tout « disrupter » pour employer un néologisme à la mode, imaginé dans les années 90 dans l'univers de la pub, mais qui a pris un nouveau sens vingt ans plus tard[1]. Et, surtout, à quel point il ne s'agit pas seulement d'innovation technologique, mais de rupture, de changement d'ère –de civilisation, n'hésitent pas à dire les plus emphatiques– à l'échelle planétaire, avec son potentiel de redistribution des cartes. Inquiétant, autant qu'excitant.

Pour Nicolas Colin, ancien haut fonctionnaire, spécialiste du numérique, devenu dirigeant de la société d'investissement française The Family, nous vivons même un « moment Polanyi », du nom d'un économiste américain d'origine hongroise, qui a théorisé « une phase où l'on passe d'un paradigme économique à un autre sans avoir les bonnes institutions. C'est un moment où l'on tâtonne pour trouver une organisation acceptable, où les tensions sont très fortes entre ceux qui s'acharnent à restaurer l'ordre ancien et ceux qui réalisent que le monde a changé[2] ». C'est ce qui se passe aujourd'hui, selon lui, avec le passage de l'« économie fordiste » (du nom de Henry Ford, l'inventeur éponyme des automobiles, symbole du monde industriel du XXe siècle) à l'ère numérique.

Cette transition s'effectue le plus souvent dans la douleur : dans la presse, par exemple, nous avons

---

1. Jean-Marie Dru, cofondateur de l'agence de publicité BDDP, est le premier, en 1997, à employer le mot en titre de son livre : *La Disruption* (éd. Village mondial).
2. Sophie Fay, « En France, on ne parle que de restaurer le passé. Entretien avec Nicolas Colin », *L'Obs*, 17 juillet 2016.

informatisé nos salles de rédaction, transformé le processus de fabrication de nos journaux en envoyant la composition au plomb au musée de l'ère industrielle ; puis nous avons créé, à partir du milieu des années 90, des sites internet pour profiter du « tuyau » supplémentaire de diffusion de nos informations. Mais nous n'avons pas vu venir la nature « disruptive » d'Internet qui allait détruire le modèle précédent de la presse papier. Si l'impact d'Internet avait été anticipé, il est peu probable que la presse aurait choisi de diffuser gratuitement ses contenus en ligne, ce qui a rendu plus difficile le passage à des formules d'abonnement payantes, devenues nécessaires dès lors que les lecteurs et la publicité désertent le papier pour l'écran. La presse l'a compris trop tard, elle qui traverse depuis plus de dix ans une crise majeure dont l'une des conséquences est la diminution, pour la première fois depuis la Seconde Guerre mondiale, du nombre de journalistes, aux États-Unis comme en France.

Lorsque l'univers de la musique a, le premier, subi de plein fouet l'impact du numérique, que les ventes de disques se sont effondrées et que la musique s'est partagée gratuitement sur les plateformes « peer-to-peer » (de pair à pair), les autres secteurs économiques ont observé et se sont dit : « Les pauvres… » Sans imaginer qu'ils seraient les suivants touchés par le tsunami ! Mais la transformation des usages, l'émergence de nouveaux acteurs maîtrisant parfaitement la technologie et dépourvus du fardeau de l'ancien monde à transformer, l'innovation permanente, ont eu raison des citadelles qui se croyaient protégées.

Maurice Lévy, le patron de Publicis, a inventé un nouveau mot, «uberiser», inspiré par l'application de VTC (véhicule de tourisme avec chauffeur) américaine Uber apparue brutalement dans le secteur apparemment «imprenable» des taxis. En 2014, Maurice Lévy a confié au *Financial Times* que tous ses clients redoutaient de se faire «uberiser», c'est-à-dire, expliquait-il, «se réveiller soudainement en découvrant que son activité historique a disparu[1]». Le mot a fait son chemin, au point d'entrer dans le dictionnaire Robert, et de devenir un cliché. Mais il est parlant: la différence majeure entre Uber et les géants technologiques de la «génération» précédente, comme Google ou Facebook, c'est que ces derniers créaient un service nouveau là où il n'existait rien, alors qu'Uber apporte une approche et une technologie innovantes dans un secteur ancien qui se croyait à l'abri.

Depuis plus de vingt ans, nous assistons à cette redistribution permanente des cartes. Des marques peuvent régner en maître sur un secteur, et s'effondrer pour avoir raté un tournant technologique, comme Eastman Kodak qui tarde à comprendre l'impact de la photographie numérique et disparaît; Nokia ou Blackberry dans la téléphonie mobile aujourd'hui dominée par Apple ou Samsung; Alcatel ou Nortel dans les équipements télécom; ou encore Virgin Megastore, dont le «navire amiral» en France trônait sur les Champs-Élysées, et qui

---

1. Mathieu Deslandes, «Dites désormais: "Va te faire uberiser"», *Rue89*, 18 décembre 2014 (http://rue89.nouvelobs.com/2014/12/18/dites-desormais-va-faire-uberiser-256626).

n'a pas résisté à la concurrence en ligne d'Amazon et a dû fermer ses magasins.

Parfois, c'est un choix stratégique qui se révèle fatal : dans son livre joliment titré *Ils se croyaient les meilleurs*, Christine Kerdellant, diplômée de l'école de commerce HEC égarée en journalisme, raconte quelques-unes de ces décisions fatidiques d'entreprises, comme celle du Français Alcatel, qui, au début des années 2000, possédait 120 sites industriels, 150 000 salariés dans le monde, était le numéro un mondial de la fibre optique, un équipementier télécom capable de damer le pion aux plus grands qui n'étaient pas encore chinois. Christine Kerdellant rappelle l'incroyable décision de Serge Tchuruk, le P-DG d'Alcatel, ancien patron de Total, « austère et tranchant, arrivé comme un sauveur six ans plus tôt pour recentrer sur les télécoms ce conglomérat industriel (il était en effet présent dans les médias, l'optique, le transport ferroviaire, les centrales électriques...) ». Coup de tonnerre en juin 2001, Serge Tchuruk proclame : « Alcatel doit devenir une entreprise sans usines. » En anglais, « *fabless* », sans fabrication. Un concept à la mode à cette époque, qui popularisait l'idée que la « valeur ajoutée » (sous-entendu pour l'actionnaire) était dans la matière grise, dans les centres de R&D (recherche et développement) et dans les brevets, pas dans les usines tournevis qui pouvaient tout aussi bien être externalisées en Chine ou ailleurs. C'est le début de la dégringolade pour le fleuron français, qui finit par disparaître entièrement en 2015, racheté par le Finlandais Nokia. Et ce concept est aussi une des raisons pour lesquelles l'establishment français ne s'est pas inquiété assez vite de la désindustrialisation, qui a plus affecté la France que son voisin allemand.

Ce n'est pas fini. Qui aurait cru que General Motors, Toyota ou Renault seraient un jour concurrencés par... Google, qui, en se lançant la première dans les recherches sur la voiture connectée sans chauffeur, a contraint tout un secteur à faire un virage sur les chapeaux de roues et à relever le défi ? Les banques, à leur tour, sont obligées de remettre en cause leur modèle sous la double pression des banques en ligne qui n'ont pas la charge de milliers d'agences « physiques » et de l'évolution des usages, la réduction du « cash » au profit des paiements par smartphone. La Suède, la première, s'est fixée comme objectif une société sans cash d'ici à 2030, et, pour la première fois, le nombre de distributeurs automatiques de billets en France, pourtant une innovation relativement récente, diminue en raison de la réduction des transactions en liquide. En Chine, il est déjà possible de payer l'achat d'une bouteille d'eau minérale à un vendeur ambulant en scannant son QR code avec son smartphone via l'application WeChat, et au Kenya de payer son bus ou son taxi avec son téléphone : l'innovation est partout, et pas seulement là où on l'attend traditionnellement.

Il ne s'agit pas ici d'être exhaustif, mais seulement de comprendre l'ampleur de la transformation de notre monde, comparable uniquement aux grandes découvertes scientifiques du XVᵉ ou du XIXᵉ siècle ; de réaliser, aussi, que nous ne sommes pas passés d'un point A à un point B, mais que nous sommes toujours au cœur d'un processus inachevé... Lorsque, en mai

2007, nous avons lancé, à quelques journalistes, le site *Rue89*, premier «*pure player*» français, c'est-à-dire non adossé à un média existant, papier, radio ou télé, nous pensions avoir fait le meilleur usage possible des technologies numériques et de la transformation des rapports avec le lecteur qu'elles induisaient. Mais, deux mois plus tard, Apple sortait son premier modèle d'iPhone, un «*game changer*» comme disent les Américains; Facebook n'était alors qu'un réseau pour draguer dans les universités américaines et pas encore le point de passage incontournable de la circulation de l'information qu'il est devenu pour près de 2 milliards de terriens; Twitter n'avait qu'un an et son impact dépassait à peine la Silicon Valley; et Google n'était pas encore le géant de la publicité en ligne qu'il est devenu… Nous n'avions pas conscience que, dans notre développement, il y aurait chaque année un nouveau choc «disruptif» auquel il faudrait faire face et s'adapter… ou mourir!

Amour et haine

Contrairement aux révoltés luddites du XIXᵉ siècle, qui rejetaient la technologie menaçant de les réduire au chômage, nous avons, au XXIᵉ siècle, un rapport très ambigu, d'attirance autant que de crainte, face à cette transformation. Nous avons adopté, en tant que consommateurs, sans états d'âme et sans limites, les objets et les services de cette révolution technologique. Fin 2015, 83 % des Français disposaient d'Internet fixe à domicile, laissant apparaître une «fracture numérique» assez modeste. C'est encore plus net dans la téléphonie mobile : seuls 8 % des Français de 12 ans et plus n'ont pas de téléphone portable, et, pour la première fois en 2015, les smartphones, permettant l'accès à Internet, sont majoritaires parmi ceux-ci. L'usage de l'iPhone était l'apanage d'une petite élite nantie à son apparition en 2007, il s'est démocratisé en moins d'une décennie. Quant à Facebook, le premier réseau social mondial, il fait le plein en France avec 35 millions de comptes, phénomène sans équivalent ! Si nous acceptons à ce point de laisser piller nos précieuses données, de nous laisser «tracker» par des «cookies» intrusifs, et bombarder de sollicitations indésirables, c'est bien parce que ces géants nous «offrent» des services incomparables et la plupart du temps gratuits.

Mais, dans le même temps, les avancées de la technologie sont anxiogènes. Il suffit de penser aux progrès de la recherche dans l'intelligence artificielle qui inquiètent les chercheurs eux-mêmes qui se vivent en apprentis sorciers ; l'apprentissage automatique des machines, la sophistication et la place prise par d'opaques algorithmes, ou l'automatisation accrue de la production. Sans oublier évidemment le volet surveillance, dont nous avons pris conscience véritablement avec la défection en 2013 d'Edward Snowden, l'ex-agent de la National Security Agency, la NSA américaine. Nous avons certes un rapport passionnel avec notre smartphone, qui est devenu une extension de nous-mêmes ; mais nous détestons la technologie qui menace notre emploi et notre vie privée.

Les études les plus alarmistes, provenant d'institutions aussi sérieuses que le MIT américain ou l'université d'Oxford, prédisent que la nouvelle vague d'automatisation et de robotisation, qui ne fait que commencer avec l'apparition de nouvelles technologies, risque d'affecter la moitié des emplois existants. Une note de décembre 2015 de la Fabrique de l'industrie, le think tank présidé par Louis Gallois, relève : « Le cabinet de conseil Roland Berger estimait par exemple en 2014 que, tous secteurs confondus, trois millions d'emplois pourraient être détruits par la numérisation à l'horizon 2025. Dans une autre étude largement relayée, Frey et Osborne estiment que 47 % des emplois américains présentent un fort risque d'automatisation d'ici dix à vingt ans. On retrouve parmi les métiers les plus exposés ceux du transport, de la logistique, de la production dans l'industrie mais aussi des services. La tête du classement des activités les plus susceptibles d'être automatisées ne comprend ainsi pas uniquement des métiers industriels ou manuels mais aussi des professions liées à l'analyse crédit, au télémarketing, de nombreux métiers de l'assurance ou du domaine juridique. En appliquant la même méthodologie à l'Europe, une étude révèle que la moitié des emplois présente un risque d'automatisation[1]. »

Comment répondre à ces défis qui font apparaître la fameuse « inversion de la courbe » du chômage comme un simple échauffement avant la vraie

---

1. « Automatisation, emploi et travail », Paris, La Fabrique de l'industrie, décembre 2015 (http://www.la-fabrique.fr/wp-content/uploads/2016/01/S1-Automatisation-emploi-et-travail.pdf).

bataille ? Comment être certain que les créations d'emplois, notamment dans des métiers dont nous n'avons pas encore idée aujourd'hui, seront suffisantes pour compenser, au mieux, les inévitables destructions d'emploi dues à l'automatisation et la robotisation ? À Paris, un nouvel établissement d'enseignement supérieur, l'école W, lancé à l'initiative du Centre de formation des journalistes[1], veut former justement ses étudiants à « des métiers qui n'existent pas encore », en leur proposant une formation « axée autour des savoirs (culture générale, culture numérique), des savoir-être (autonomie, empathie, travail en équipe, leadership) et des savoir-faire (anglais, économie, types d'écritures entre autres) nécessaires à l'exercice des métiers nouveaux et futurs[2] ». Mais cette approche pédagogique innovante reste rare, et, surtout, ne règle pas le problème des millions de personnes en milieu de carrière, dans les secteurs qui seront « uberisés », un peu à l'image des ouvriers du textile, des mineurs de charbon ou des sidérurgistes, dont les activités ont progressivement déserté l'Hexagone.

La réponse politique à ce bouleversement en préparation est le déni. Les politiques apparaissent d'autant plus désemparés face à de tels enjeux que les géants de ces nouveaux secteurs d'activité sont devenus plus puissants que nos États, et sont rarement français ou européens. Comment expliquer que cette question ne soit pas au cœur des programmes

---

1. Par souci de transparence, je signale ici que je fais partie du conseil d'administration du Centre de formation des journalistes.
2. http://www.ecolew.com/what/

électoraux, qu'elle ne fasse pas l'objet d'un vaste débat public et d'une prise de conscience générale, malgré les efforts louables des ministres spécialisés et de quelques hauts fonctionnaires évangélisateurs ? Ou pire, que, vingt ans après que Jacques Chirac a eu besoin de se faire expliquer ce qu'était une « souris » (souvenez-vous, le « mulot » de Chirac a fait les beaux jours des Guignols de l'info), Nicolas Sarkozy en campagne, rencontrant des entrepreneurs lyonnais lui expliquant qu'ils recrutaient leurs salariés via Le Bon Coin, ait pu leur demander, en 2016, ce qu'était ce site... Leboncoin.fr – « équivalent moderne des foires du Moyen Âge », pour l'historien Jacques Le Goff – est tout simplement la première plateforme de petites annonces de France : vouloir résoudre le problème du chômage sans savoir que cette plateforme est consultée par plus de deux millions et demi de Français chaque mois pour ses seules offres d'emploi, avec une efficacité plus grande que Pôle emploi, montre une stupéfiante déconnexion.

Pour le philosophe Bernard Stiegler, auteur d'un livre intitulé *Dans la disruption, comment ne pas devenir fou ?*, tout cela contribue à la « démoralisation, qui consiste fondamentalement en une impression de retard sur le réel ». Il ajoute, de manière inquiétante : « On est au bord d'une rupture de système. Et il faut bien examiner la nature de cette rupture. Pour moi, elle est liée au fait que la disruption produit une insolvabilité structurelle. Partout, l'emploi va s'effondrer. Les acteurs économiques le dissimulent mais ils ne voient pas d'issue. Ils ne voient plus comment solvabiliser le système, parce qu'ils savent qu'il n'y aura pas de retour de la croissance[1]. »

Cette transformation a fait émerger des géants d'un type nouveau, d'abord les GAFA (Google, Apple, Facebook, Amazon), puis les NATU (Netflix, Airbnb, Tesla, Uber), et quelques autres, tous américains, tous globalisés, proposant à la terre entière des services impossibles avant l'ère numérique. Leur capitalisation boursière dépasse celle des mastodontes industriels de la vieille économie, et leurs fondateurs sont de très jeunes milliardaires, à l'image de Mark Zuckerberg de Facebook, qui « pèse » quelque 45 milliards de dollars à seulement 32 ans. Au cours des six premiers mois de 2016, la fortune personnelle de Zuckerberg a augmenté au rythme de 37 millions de dollars… par jour! Les seuls à leur tenir tête sont les Chinois, avec leurs propres géants, Alibaba, Baidu, Tencent, qui ont fait de l'empire du Milieu la seule terre de résistance à la Silicon Valley…

Ces entreprises ont créé de nouveaux modèles fondés sur une immense capacité d'innovation technologique, mais aussi sur le court-circuitage des modèles sociaux existants et le contournement des règles fiscales et législatives des États. C'est le cas d'Uber, par exemple, qui n'investit pas dans les véhicules et n'embauche pas les chauffeurs, et paie un minimum d'impôts en jouant sur les « optimisations » fiscales permises par l'absence d'harmonisation en Europe. Précarisation de l'emploi

---

1. Xavier de La Porte, « Qu'est-ce que la disruption? Entretien avec Bernard Stiegler », *L'Obs*, 30 juin 2016.

et évasion fiscale, mais services plébiscités par les usagers ; et aussi, c'est à noter, une bouffée d'oxygène dans les banlieues de nos métropoles en permettant l'accès au monde du travail à des jeunes dans l'impasse sociale[1].

Manichéens s'abstenir ! J'ai beaucoup discuté avec des chauffeurs de VTC à l'apparition du phénomène, lequel était devenu l'un des sujets de conversation, et d'engueulade, favoris autour de moi : pour ou contre Uber ? J'avais été frappé par l'appétit avec lequel les jeunes « issus de l'immigration », comme on dit, s'étaient engouffrés dans cette brèche pour sortir du ghetto dans lequel ils étaient enfermés. L'un d'eux m'avait raconté dans le détail son « plan de carrière » : plusieurs mois sans rien gagner car il avait fallu payer la formation, louer la berline au prix fort, etc. Quand je lui avais demandé pourquoi il le faisait s'il ne lui restait rien à la fin du mois, il m'avait répondu : « Dans neuf mois, j'aurai un vrai chiffre d'affaires à présenter, j'irai voir mon banquier et je pourrai alors acheter une voiture en leasing, qui sera à moi au bout du processus. » Pas mal pour un jeune homme sans aucune perspective quelques mois auparavant. À ce prix, les VTC sont devenus le premier employeur de Seine-Saint-Denis ! Les conditions sociales des VTC sont certes indignes et c'est à la puissance publique de veiller à ce que ce secteur

---

1. Maryline Baumard, « En banlieue, "l'ubérisation" au secours de l'intégration », *Le Monde*, 8 mai 2016 (http://www.lemonde.fr/banlieues/article/2016/05/18/en-banlieue-l-uberisation-au-secours-de-l-integration_4921174_1653530.html).

ne se transforme pas en esclavage moderne, mais qui peut nier que cette « disruption » a fait plus bouger les lignes que deux cents « plans banlieue » en trente ans ?...

Objectif Mars !

Les portraits des jeunes gourous de cette nouvelle économie s'étalent dans nos journaux, à l'image d'Elon Musk, moins connu que Steve Jobs ou Mark Zuckerberg, mais pourtant plus ambitieux encore puisqu'il veut aller coloniser la planète Mars et s'en donne les moyens. Elon Musk est né en Afrique du Sud au temps de l'apartheid. Fils d'un ingénieur mécanique, il est fasciné par la science-fiction – sa lecture préférée : *Le Guide du voyageur galactique*, du Britannique Douglas Adams. Enfance malheureuse, dit-on, marquée par le divorce des parents et une vie rugueuse avec son père. Mais la découverte d'un ordinateur, un Commodore Vic-20, donne du sens à sa vie : il développe tout seul un jeu vidéo qu'il réussit à vendre 500 dollars à un magazine spécialisé. Il n'a que 12 ans.

Parti faire des études au Canada, il trouve, très jeune, le chemin du monde des entrepreneurs de la Silicon Valley, et se retrouve actionnaire du système de paiement en ligne Paypal lorsque celui-ci est racheté par le site d'enchères eBay. Bénéfice pour Elon Musk : 100 millions de dollars, qui lui permettent de réaliser son rêve d'enfant en créant la société SpaceX, l'entreprise privée qui concurrence désormais les États dans l'espace à la manière des low-costs dans le transport aérien, puis Tesla, constructeur automobile haut de gamme tout-électrique. Son biographe Ashlee Vance donne un exemple de sa méthode : un ingénieur, à qui Elon Musk demande de s'occuper de la production d'une pièce pour son lanceur spatial Falcon 9, lui indique que le prix sur le marché est de 100 000 dollars pièce. Musk lui donne une enveloppe maximale de... 5 000 dollars ! Neuf mois et quelques nuits blanches plus tard, l'ingénieur parvient à produire la pièce pour 3 900 dollars pièce. Avec cette méthode, SpaceX casse les prix, et est devenue la première entreprise privée à arrimer une capsule spatiale à la station internationale, et à l'avoir ramenée sur Terre.

Il faut en vouloir pour travailler pour Elon Musk. Ashlee Vance décrit même un rapport « plaisir-douleur, une vibration sadomasochiste » chez les salariés de ses entreprises. Beaucoup ne résistent pas au rythme de 90 heures de travail par semaine ; ou ne supportent pas la manière brutale avec laquelle Musk et d'autres s'adressent à eux dans les réunions. Mais ceux qui restent sont dévoués à un chef visionnaire.

La France et l'Europe n'ont pas produit de Google, ni de SpaceX, ni de personnalités comme Elon Musk ou Steve Job. Et si le monde nous envie la qualité de nos ingénieurs, la créativité de nos start-up (la « French Tech » est prometteuse mais reste modeste à l'échelle globale), et même quelques innovations qui comptent, l'Amérique que l'on disait déclinante est devenue quasi hégémonique, avec la Chine comme seul challenger possible ; un calque parfait de l'état du monde géopolitique évoqué plus haut.

Ce véritable loupé européen s'explique : les grandes réussites collectives du continent comme Airbus ou Arianespace sont des aventures industrielles à forte dose étatique, alors que le numérique part d'en bas, dans les garages où des gamins inventifs rêvent de gloire ; et ça, c'est plutôt le rêve américain que le modèle européen. Les quelques tentatives de grands plans numériques nationaux ou européens ont largement été des échecs pour cette raison. Sans oublier que lorsqu'une start-up française ou allemande se lance, elle pense d'abord national, puis européen, alors qu'un Américain pensera immédiatement monde, et trouvera un financement pour prendre le risque avec lui. Ces enjeux devraient figurer très haut dans les programmes des candidats aux élections, mais ceux-ci les ignorent en les pensant trop technocratiques, trop complexes, alors qu'il s'agit littéralement de notre avenir collectif. Le numérique, une bonne raison supplémentaire de « faire l'Europe » pour favoriser l'innovation, lutter contre le dumping social, l'évasion fiscale, comme on l'a vu avec le « redressement fiscal » record imposé par Bruxelles à Apple en août 2016, une audace trop exceptionnelle.

L'Europe, justement, selon Nicolas Colin dans l'entretien cité plus haut, est « impuissante », « ne peut rien face à la peur pour les emplois qui disparaissent, la peur de la précarité pour les travailleurs, la peur des plateformes comme Uber et Amazon. Tout cela ressemble aux inquiétudes et à la souffrance qu'infligeait la transition vers le fordisme avant qu'il ne se dote des bonnes institutions, après la Seconde Guerre mondiale ».

Cassandre numérique

Tout ce qui précède est incroyablement paradoxal : globalement, le monde devrait aller objectivement mieux qu'il y a quelques décennies ; les progrès scientifiques et technologiques connaissent une accélération stupéfiante qui ne se traduit pas seulement en gadgets de consommation, mais aussi en maladies guéries, en espérance de vie accrue... Il suffit de mettre les pieds dans un espace de coworking ou un incubateur de start-up pour sentir une énergie qui fait défaut ailleurs, un enthousiasme communicatif à se projeter dans l'avenir. Et pourtant, partout règne le sentiment que le monde va plus mal. Il n'y a que 6 % d'Américains pour penser que le monde évolue dans le bon sens... Donald Trump l'a bien compris.

La question qui se pose ici, aux États, aux politiques comme aux individus, en France comme partout, est de savoir comment éviter un avenir de cauchemar dans lequel une poignée d'entreprises plus puissantes que les États dicteraient leur loi, en particulier sociale, et contrôleraient l'avenir technologique pour leur seul profit. L'alternative existe, elle demande une volonté politique des États – et en particulier en Europe, seule capable de traiter à ce niveau de puissance –, et des comportements individuels lucides face à la technologie, aux plaisirs mais aussi à l'aliénation qu'elle peut produire. Bernard Stiegler appelle à « réinventer la puissance publique », car le système actuel semble bien peu adapté à l'ampleur des défis.

Pendant longtemps, je me suis méfié d'Evgeni Morozov, cet ancien dissident biélorusse exilé aux États-Unis, devenu le principal pourfendeur de la Silicon Valley. Il m'apparaissait comme l'empêcheur de tweeter tranquille, sorte de Cassandre du numérique que nous n'avions pas envie d'entendre, tout à notre plaisir de consommateurs multiécrans. Avec les années, sa critique s'est affirmée, radicalisée aussi, et son discours a commencé à percer. Avec sa dénonciation du « solutionnisme » − l'un de ses livres s'intitule *Pour tout résoudre, cliquez ici !* −, sorte de nouvelle religion qui voit en la technologie la solution à tous les problèmes, et son engagement contre l'« impérialisme » de la Silicon Valley, reprenant un vocabulaire très années 70, Morozov tente de nous secouer. En particulier nous, Européens, dont il déplore moins « l'impensé technologique que l'absence flagrante d'esprit de rébellion[1] ».

L'enjeu n'est pas de refuser la révolution numérique, ou de simplement déconnecter − ça peut être fait individuellement, en se réfugiant au milieu du désert du Tchad comme je l'ai fait quelques jours, sans espoir de réseau... −, mais de ne pas devenir les esclaves

---

1. Xavier de La Porte, « Morozov: "Internet est la nouvelle frontière du néolibéralisme" », *Rue89*, 4 octobre 2015 (http://rue89.nouvelobs.com/2015/10/04/morozov-internet-est-nouvelle-frontiere-ne oliberalisme-261301).

modernes de la technologie et surtout de ceux qui la contrôlent; de « civiliser la disruption » pour reprendre une belle formule de Bernard Stiegler. L'Europe, malgré ses talents et ses moyens, risque de se voir condamner à un rôle de sous-traitant et de vaste marché pour les géants américains et asiatiques: n'est-il pas temps de sonner le tocsin numérique? Non seulement pour rester parmi ceux qui décident des normes et des standards, au lieu de les subir; mais aussi, pourquoi pas, pour canaliser toute cette énergie créatrice pour le bien collectif. En sommes-nous encore capables?

5

Tous dans la classe moyenne

Pendant les Trente Glorieuses, la période de prospérité qui a suivi la Seconde Guerre mondiale, les Français, comme les autres Occidentaux, se sont découvert un idéal : appartenir à la « classe moyenne ». Drôle d'idéal, car il n'est pas courant de se vouloir « moyen », en l'occurrence ni trop riche ni trop pauvre. La classe moyenne est pourvue de tous les atouts, ceux du bien-être matériel (posséder son appartement ou sa maison, sa voiture individuelle, voyager…) ; mais aussi celui de la stabilité sociale : un membre de la classe moyenne ne peut pas être excessif, presque par essence… « Les classes moyennes, c'est à la fois une notion sociologique et une idée politique[1] », observe Thierry Pech, aujourd'hui patron du think tank de gauche Terra Nova.

_____

1. Olivier Schmitt et Thomas Wieder, « Thierry Pech : "Le leadership social des classes moyennes se fissure" », _Le Monde_, 19 février 2011 (http://www.lemonde.fr/societe/article/2011/02/19/thierry-pech-le-leadership-social-des-classes-moyennes-se-fissure_1482421_823448.html).

Le problème est qu'il n'y a pas de véritable définition « scientifique » de la classe moyenne – entre 2 250 et 4 280 euros de revenus mensuels pour un couple sans enfants en France, si l'on s'en tient au seul critère financier –, mais tout le monde a un avis. Lorsqu'on leur pose la question, 66 % des Français estiment appartenir à ce segment convoité de la population, alors que les chercheurs l'estiment plutôt autour de 50 %[1] : c'est donc bel et bien un « lieu » désirable, fantasmé.

Pendant longtemps, ce « rêve » a été l'apanage du monde industriel. C'est terminé : la « classemoyennisation » du monde a conquis de nouveaux territoires jusque-là ignorés. Jusqu'aux années 80, le monde se partageait en trois catégories : les pays capitalistes industrialisés (Amérique du Nord, Europe de l'Ouest, Japon, Australie...) qui, malgré de fortes inégalités, avaient réussi à développer une classe moyenne substantielle, garante de leur prospérité et de leur démocratie ; le monde communiste, nettement moins prospère, où la faillite du modèle égalitariste cachait mal de vraies disparités ; et enfin le « tiers-monde », selon la formule de l'économiste Alfred Sauvy, englobant des mondes aussi divers que l'Amérique latine clivée entre très riches et très pauvres, ou l'Afrique ou l'Asie encore à la recherche de leur modèle de développement, soumises à la volonté du « Nord » et de ses institutions financières.

---

1. Caroline Piquet, « Visualisez si vous êtes riche, aisé, "moyen", "populaire" ou pauvre », *Le Figaro*, 16 avril 2014 (http://www.lefigaro.fr/social/2014/04/16/09010-20140416ARTFIG00110-tes-vous-riche-pauvre-ou-appartenez-vous-a-la-classe-moyenne.php).

Le monde a connu, à partir des années 90, une transformation spectaculaire à travers l'accélération et la mutation de la mondialisation économique, et la révolution technologique. Le clivage riches-pauvres, qui passait largement entre les pays industrialisés et le reste du monde, entre Nord et Sud, se trouve désormais à l'intérieur des États eux-mêmes. La mondialisation a été génératrice de croissance, mais aussi d'inégalités.

Cette transformation sociale a fait sortir de la misère des centaines de millions de personnes dans les pays du Sud, sans pour autant faire disparaître les inégalités internes, voire en les augmentant. Pour autant, c'est difficile à croire, mais il n'y a jamais eu aussi peu de gens vivant dans l'« extrême pauvreté » qu'aujourd'hui dans le monde, selon une étude statistique couvrant la période 1820-2015[1]!

En Chine, la classe moyenne remplace le prolétariat

J'ai assisté à cette transformation en Chine: lorsque je suis arrivé à Pékin en 2000, cela faisait deux décennies déjà que le pays le plus peuplé du monde –en attendant d'être dépassé par l'Inde…– était engagé sur la voie des réformes économiques lancées, après la mort de Mao Zedong en 1976, par le «Petit Timonier» Deng Xiaoping. L'égalitarisme forcené de l'ère maoïste avait progressivement cédé le pas à une société plurielle, avec ses riches et ses pauvres, ses inégalités déjà

1. https://ourworldindata.org/world-poverty/

visibles mais pas encore criantes, et un pragmatisme économique résumé par la formule de Deng : « Peu importe que le chat soit noir ou blanc, l'important est qu'il attrape les souris. » En d'autres termes, si les méthodes capitalistes marchent bien, adoptons-les tout en les rebaptisant socialistes...

À mon arrivée à Pékin, l'« économie de marché avec des caractéristiques chinoises », selon la novlangue du Parti, commençait à favoriser l'émergence d'une classe moyenne encore embryonnaire. La représentante d'une marque de chaussures de sport m'expliquait au début des années 2000 qu'il y avait en Chine quelques millions de personnes à qui il restait de l'argent à la fin du mois, après avoir couvert leurs besoins, et qu'il fallait d'abord les convaincre d'acheter une nouvelle paire de chaussures plutôt qu'un téléphone portable ou un équipement électroménager. C'est seulement après qu'elle pouvait faire la promotion de sa marque... Quinze ans plus tard, on compte plus de 350 millions de Chinois dans cette catégorie nouvelle, propriétaires de leur appartement, de leur voiture, découvrant le tourisme, la mode et les loisirs, à l'image de l'Europe occidentale des décennies précédentes – et ils sont 20 millions de plus tous les ans. Dans le même temps, le nombre de millionnaires, et même de milliardaires en dollars a explosé, tandis que plusieurs centaines de millions de Chinois attendent, pas toujours patiemment, au bas de l'échelle que les portes de la classe moyenne s'ouvrent pour eux...

Le changement s'est fait de manière autoritaire : je l'ai vécu dans mon quartier du vieux Pékin, tout près du temple des Lamas, lors de la destruction des *hutong,* ces ruelles traditionnelles suivant un plan d'urbanisme plusieurs fois centenaire. Nous nous sommes réveillés un matin avec le caractère « *Cai* » (destruction) peint sur la porte, accompagné d'une notice nous donnant un mois pour partir, et accordant une prime à ceux qui partiraient en une semaine. Pour la plupart des habitants de ce vieux quartier populaire, cela signifiait aller vivre à vingt kilomètres du centre, au-delà du cinquième périphérique, mais dans des appartements neufs plus spacieux, mieux équipés que l'habitation archaïque qu'ils abandonnaient. Un « deal » gagnant pour une majorité de *laobaixing,* de gens du peuple sans grandes ressources, ainsi propulsés vers le haut socialement. Les vieux, les chômeurs, les plus faibles, se retrouvaient dans la nature, sans leur réseau de solidarités, de survie. Mais ainsi va la modernisation à marche forcée de la Chine : elle n'a pas le temps de faire dans la nuance…

La structure sociale de l'ancienne société maoïste était simple, les citoyens appartenaient à l'une des trois classes sociales reconnues : 1. la paysannerie, largement majoritaire ; 2. la classe ouvrière et les employés, qui formaient l'essentiel de la population urbaine ; et 3. la couche intellectuelle. Mais en 2002, coup de théâtre, l'Académie chinoise des sciences sociales (CASS), l'équivalent du CNRS français, publiait une étude remettant en question la structure sociale à la lumière de deux décennies de réformes, et définissait dix catégories. Faisaient alors leur apparition les entrepreneurs privés, les « col blancs » ; ou encore, c'était nouveau en Chine, les « sans-travail », en d'autres termes les chômeurs, catégorie inconcevable à l'époque maoïste mais apparue avec les restructurations industrielles des années 90 et 2000, puis avec le ralentissement de la croissance économique de 2015.

Au sommet de la pyramide sociale, selon l'académie, les dirigeants des organes du Parti et de l'administration, qui bénéficient d'avantages considérables en termes de pouvoir, d'influence et de revenus, suivis des gestionnaires des entreprises publiques et du secteur étatique, qui ne sont donc ni propriétaires ni dirigeants comme la catégorie précédente, mais détiennent eux aussi un pouvoir considérable. Ensuite, seulement, apparaissent les patrons du secteur privé, suivis des techniciens, des cols blancs, des entrepreneurs individuels, des employés, et, en fin de liste, des ouvriers, des paysans et des chômeurs. On imagine aisément le bouleversement : dans un pays toujours officiellement communiste, les ouvriers et les paysans, autrefois glorifiés comme l'avant-garde révolutionnaire, se retrouvent désormais au bas de l'échelle sociale.

Héros du Parti

Les nouveaux héros du Parti communiste chinois, même si celui-ci ne l'exprime pas en ces termes, sont les membres de la nouvelle classe moyenne qui, à partir des années 2002-2003, surgissent par millions dans les grandes métropoles chinoises, à la faveur de la plus importante vague d'urbanisation de l'Histoire. Les grandes artères de Pékin, Shanghai, Canton et des autres grandes villes sont envahies par les voitures individuelles quasi inexistantes trois ou quatre ans plus tôt (et avec elles la pollution), les immeubles cossus sortent de terre comme des petits pains, les enseignes de luxe se multiplient, et les touristes chinois débarquent à Paris au grand désarroi de la police de l'air et des frontières qui ne sait plus distinguer un candidat à l'immigration clandestine d'un client convoité par les Galeries Lafayette... Même avec le ralentissement économique du milieu des années 2010, la taille de ce nouveau groupe social continue de s'accroître.

Cette classe moyenne est le nouveau Graal de la stabilité chinoise. Comme le relève le sinologue Jean-Louis Rocca : « Le consensus est complet : l'absence d'une classe moyenne empêche un "atterrissage en douceur" d'une société qui a complètement été transformée. La "bonne forme" de stratification sociale serait celle du ballon de rugby ou de l'olive. Classe idéale, la classe moyenne est perçue et se perçoit, notamment dans la presse, comme celle qui doit assurer le passage de la Chine à la modernité. Elle est censée garantir dynamisme, rationalité et stabilité. Jugement un peu rapide et caricatural mais qui résume assez bien l'essence des débats actuels sur la stratification idéale. »

Les analyses occidentales qui considéraient que la montée en puissance de la classe moyenne favoriserait la démocratisation de la Chine en sont toutefois pour leurs frais. Cette nouvelle couche urbaine demande l'état de droit contre l'arbitraire toujours en vigueur en Chine, attend du gouvernement qu'il rétablisse un environnement vivable pour ses enfants et est prête à descendre dans la rue pour cet objectif, mais ne réclame pas, à ce stade, un changement politique qui pourrait remettre en cause ses avantages acquis encore trop fragiles. Le Parti communiste chinois a appris à négocier avec cette nouvelle couche sociale, mais aussi à la manipuler: c'est elle qui doit pérenniser le pouvoir des héritiers de Mao. Néanmoins, cette classe moyenne est incontestablement un signe de progrès pour une Chine qui se demande depuis plus de cent ans comment atteindre une modernité mythique.

Il n'y a pas que la Chine. En Asie, des pays aussi divers que la Corée du Sud, les Philippines ou l'Indonésie connaissent la même évolution. À l'autre bout du monde, au Brésil, dix ans de forte croissance économique ont également accru les différenciations sociales au profit d'une classe moyenne consommatrice et ambitieuse. Mais le miracle brésilien a trop vite heurté le mur de la mauvaise gouvernance, de la corruption, de l'oligarchie. L'économie est entrée en récession au milieu des années 2010, la présidente Dilma Roussef a perdu le pouvoir, et la classe moyenne a vu le sol se dérober sous ses pieds avant même d'en avoir réellement profité. Marcelo Cortes Vargas, professeur de sociologie à la Fundação Getúlio Vargas à Rio de Janeiro, explique au *Monde*: «Cette classe moyenne n'a rien à voir avec la "middle class" que décrivait le président américain Richard Nixon: une maison, deux voitures et deux chiens.» La correspondante du journal français ajoute: «La classe moyenne brésilienne est plus modeste, plus complexe et plus mouvante. Une population ni riche ni pauvre, qui, en grande partie, nourrit un profond ressentiment envers le PT [le Parti des travailleurs de Lula et Dilma Roussef, ndlr][1].» Et pourtant, selon le politologue et ancien ministre des Affaires étrangères mexicain Jorge G. Castañeda, la majorité de la population du Brésil, du Chili, du Mexique, de l'Uruguay, et du Costa Rica appartient désormais à la classe moyenne, garante de sociétés apaisées; même s'il s'agit, écrit-il, «d'une majorité mince et précaire». «La classe moyenne latino-américaine lutte toujours, avec des niveaux de vie loin de ceux des riches locaux. Mais c'est tout de même une classe moyenne, avec ses smartphones et ses voitures d'occasion, avec ses maisons bien bâties et bien équipées, et avec des vacances à la plage modestes mais profitables[2].»

En Afrique du Sud, autre pays des BRICS, le fossé «racial» hérité de l'apartheid s'est modifié: il suffit de se promener au Cap ou dans les quartiers nord de Johannesburg pour voir qu'une substantielle élite noire a profité de l'abolition des barrières fondées sur la couleur de la peau et s'est glissée dans le mode de vie privilégié de la classe moyenne et supérieure blanche.

Quelques années après la fin de l'apartheid, j'ai rendu visite à une ancienne connaissance de l'époque de la ségrégation raciale, un homme qui a fait de fréquents séjours en prison pour son rôle dans l'action clandestine

1. Claire Gatinois, «Au Brésil, la rancœur de la classe moyenne», *Le Monde*, 23 juin 2016 (http://www.lemonde.fr/idees/article/2016/06/23/au-bresil-la-ranc-ur-de-la-classe-moyenne_4956467_3232.html).

2. Jorge G. Castañeda, «What Latin America Can Teach Us», *New York Times*, 10 décembre 2011 (http://www.nytimes.com/2011/12/11/opinion/sunday/on-the-middle-class-lessons-from-latin-america.html).

contre le régime de Pretoria, et qui vivait alors dans l'une des *matchboxes*, des « boîtes d'allumettes » comme on surnommait les maisonnettes, toutes identiques, de l'immense ghetto de Soweto, près de Johannesburg. En arrivant chez lui, j'ai constaté le changement d'un seul coup d'œil : il avait emménagé dans une villa d'un quartier résidentiel, une BMW dans le garage, et il était affalé dans un canapé en cuir à regarder un match de cricket Afrique du Sud-Nouvelle-Zélande. Il s'occupait d'un organisme d'aide aux PME d'Afrique du Sud, et avait fait son entrée dans le monde de l'élite noire, à laquelle la minorité blanche, contrainte et forcée, avait fait de la place…

Mais pour des millions de Sud-Africains, vivant dans les banlieues-dortoirs ou les bidonvilles autour des grandes villes, les fruits de la fin de l'apartheid tardent à venir, et la barrière sociale est aussi infranchissable que l'odieux interdit racial d'hier. Si l'Afrique du Sud ne parvient pas à produire un développement plus inclusif, le pays se condamne à des tensions sociales entre les habitants des « *gated communities* », ces îlots de classe moyenne protégés par des murs d'enceinte et des armées de vigiles, et ceux qui ont toujours le bidonville ou le township comme seul horizon.

Le reste de l'Afrique change, lui aussi, on l'a vu. Le continent s'urbanise, innove, et fait cohabiter des zones de conflit ou de misère avec des pans entiers à forte croissance et où émergent d'authentiques classes moyennes.

Les milieux économiques se sont très rapidement adaptés à ce nouveau monde, voyant surgir, en une ou deux décennies seulement, des armées de consommateurs nouvellement venus sur le marché et gavés d'images et de représentations du monde occidental depuis des années, bien avant d'avoir les moyens d'y accéder. Le succès planétaire du luxe français, Louis Vuitton en tête, est le symbole de cette mondialisation des goûts et des attributs de la « classemoyennisation ».

Dans toutes les capitales gagnées par cette transformation, sur tous les continents, on voit surgir les mêmes enseignes de luxe, de vêtements, les chaînes de fast-food qui sont initialement des destinations prisées dès lors qu'elles sont identifiées à un mode de vie américanisé, ou encore les *shopping malls*. C'est en effet le mode de vie à l'américaine qui sert de référence à ces nouvelles couches de population –Hollywood et la télévision obligent– sans pour autant qu'elles perdent leur identité. Samuel Huttington, dans son célèbre livre contestable et contesté prédisant une « guerre des civilisations », faisait justement observer que si les New-Yorkais adoraient les sushis, ça n'en faisait pas pour autant des Japonais...

Les classes moyennes et leur style de vie et de consommation gagnent désormais des coins improbables associés dans notre inconscient collectif à d'autres images. En juin 2014, le centre commercial japonais AEON Mall, un investissement de 250 millions de dollars, a ainsi ouvert ses portes à Phnom Penh, la capitale d'un Cambodge qui, près de quarante ans plus tôt, tombait entre les mains des Khmers rouges, début d'un cauchemar génocidaire. Ironie de l'histoire, ce *mall* aux prix rédhibitoires fut inauguré par le Premier ministre cambodgien, Hun Sen, qui, dans sa vie, aura donc été commandant Khmer rouge, participé avec les Vietnamiens au renversement du parti qui a provoqué le génocide, mené toutes les luttes politiques internes avec leurs lots de polémiques et d'affrontements, et… aura inauguré le premier centre commercial japonais de Phnom Penh. Et Hun Sen de s'adresser aux jeunes employés cambodgiens : « S'il vous plaît, jeunes gens, travaillez dur pour le succès du centre commercial. Si l'AEON ne fait pas de profits, ses patrons n'augmenteront pas vos salaires. […] Cela ne sert à rien de protester et de détruire le centre commercial. […] N'allez pas protester, vos protestations feraient fermer l'AEON[1]. » Au même moment, au Cambodge, des grèves et manifestations d'ouvriers du textile réclamaient le doublement du salaire minimum du secteur, à peine 80 dollars par mois. Mais les employeurs ont fait savoir qu'il faudrait attendre… 2018 pour atteindre ce niveau.

Émergence d'une classe moyenne, usines délocalisées profitant d'une main-d'œuvre abondante et bon marché, pouvoir politique autoritaire… Le Cambodge s'inscrit à son tour dans ce cycle de la mondialisation qui a fait décoller les économies des pays émergents, mais aussi les inégalités et le mécontentement social. Le Premier ministre Hun Sen a tous les précédents en tête, dans son pays mais aussi dans d'autres pays similaires, lorsqu'il met en garde ses concitoyens de ne pas contester au risque de compromettre les investissements

---

1. Luke Hunt, « Cambodge : "Ne protestez pas, consommez !" », *Courrier international*, 12 juillet 2014 (http://www.courrierinternational. com/article/2014/07/12/ne-protestez-pas-consommez).

étrangers et donc le début de prospérité pour une partie de la population. Le problème est d'une part d'en convaincre les exclus qui forment encore la majorité de la population, d'autre part de calmer la classe moyenne qui vit mal la corruption, le népotisme, l'autoritarisme politique du régime.

C'est l'équation du nouveau monde. Elle nous concerne au premier chef en France et en Europe en raison de l'interconnexion des économies à l'heure de la mondialisation, mais aussi des effets de la stabilité, ou de l'instabilité, sociale d'un bout à l'autre de la planète, de l'impact des changements de mode de vie sur le climat, ou encore sur notre propre niveau de vie. Une version étendue du fameux «effet papillon» énoncé en 1972 par le météorologiste Edward Lorenz : «Le battement d'ailes d'un papillon au Brésil peut-il provoquer une tornade au Texas ? » Pendant trop longtemps, notre regard sur le monde est resté bloqué à l'époque du «tiers-monde», d'un Nord nanti et d'un Sud pauvre. N'est-il pas temps de changer notre regard et donc nos analyses ?

6

La peur du déclassement

Les bouleversements du monde sont venus bouscu-
ler une France protégée, même dans ses malheurs rela-
tifs, par un État longtemps capable d'agir. Disons-le, la
France n'a jamais beaucoup aimé cette mondialisation
économique, même si ses entreprises et beaucoup de
ses enfants y ont, parfois brillamment, trouvé leur place.
La mondialisation des trente dernières années était
trop « anglo-saxonne » – et simplement anglophone – à
notre goût, pas assez « colbertiste », valorisant des qualités individuelles qui ne sont pas celles que nous appre-
nons à l'école de Jules Ferry.

De ce rapport ambigu à la mondialisation, les Français
se sont longtemps abrités derrière l'État, malgré leurs
déconvenues. Lionel Jospin a chèrement payé sa can-
deur en affirmant en 1999, alors que la multinationale
française Michelin venait d'annoncer 7 500 licenciements : « L'État ne peut pas tout » ; ajoutant : « Je ne crois
pas qu'on puisse administrer désormais l'économie. Ce

n'est pas par la loi, les textes, qu'on régule l'économie. […] Tout le monde admet le marché.» Il s'était pris une avalanche de critiques au sein de la «gauche plurielle» alors au gouvernement.

Depuis, la «jurisprudence Jospin» oblige au volontarisme, aux promesses intenables, même si chacun sait, dans les faits, que l'État, effectivement, n'a pas les moyens de tout faire dans un monde globalisé, qui met en concurrence les pays, les économies, les travailleurs. Cela génère frustration et colère chez ceux dont l'emploi est menacé sans que l'État intervienne autrement que pour aider aux «reconversions», ou qui vivent dans ces zones où les services publics sont en recul, voire en disparition. Cela accentue le pessimisme d'une partie de la population qui vit ce recul de l'État comme le signe du déclin, à l'intérieur comme à l'extérieur des frontières. Ce phénomène n'est pas une exclusivité française, même s'il est largement présent dans l'Hexagone.

Pendant plus d'un siècle, les Français et les Occidentaux ont considéré le progrès social comme un phénomène naturel, auquel il fallait parfois donner un coup de pouce, avec une longue histoire de luttes et de conquêtes sociales; une évolution permettant globalement de considérer que l'on vivait mieux que la génération de ses parents, et que ses enfants iraient un cran plus loin. Ce «plus loin», quand on appartenait aux couches populaires, ressemblait beaucoup aux classes moyennes…

Depuis plus de trente ans maintenant, l'idée que cette courbe du progrès n'était pas infinie et pouvait même être inversée a fait son chemin dans les esprits, au point d'être désormais considérée comme le «nouveau normal»; un phénomène baptisé par les sociologues Philippe Guibert et Alain Mergier «descenseur social». De son côté, Louis Chauvel décrit depuis des années «les classes moyennes à la dérive», le titre de son livre prophétique –mais alors contesté– de 2006 qui prédit que leur «dérive» pourrait devenir «le cauchemar de tous». En 2016, dix ans après son cri d'alarme, Louis Chauvel publie un nouvel essai qui dénonce le «déni» français sur la question: *La Spirale du déclassement. Essai sur la société des illusions,* qui décrit un monde en «déconstruction».

Marché de dupes

Une grande peur s'est donc installée, celle du «déclassement», défini comme l'impossibilité de maintenir la position sociale de ses parents, ou de trouver un emploi à la mesure de son niveau d'études. C'est devenu une source considérable de colère et de rancœur, comme un marché de dupes qui viendrait à être découvert.

Cette vision sombre contraste avec la sortie de la pauvreté absolue de centaines de millions de personnes dans ce tiers-monde que nous avions inconsciemment condamné à l'éternelle assistance, et donc à notre bon vouloir. Sortie de la pauvreté qui aurait dû réjouir les citoyens des pays du Nord, mais nous avons développé un rapport ambigu à cette transformation du monde, comme si elle n'était pas vraiment légitime, comme si elle nous «volait» un dû, comme si nous, les «Occidentaux», étions les perdants de cette montée des «autres» dans un jeu mécanique de vases communicants.

Ce qui a changé, brutalement, en 2016, c'est la révolte des « perdants » là où on ne l'attendait pas. Il suffisait d'écouter Donald Trump, alors candidat républicain, faire campagne en 2016 sur le thème « les Chinois nous ont piqué les jobs, c'est le hold-up du siècle », pour comprendre que, s'il fallait un bouc émissaire aux problèmes des pays industriels, la Chine était bien placée pour postuler, et, avec elle, tous ceux qui ont bénéficié de la mondialisation ces trois dernières décennies. De fait, entre 2000 et 2007, la hausse des importations chinoises est à l'origine de la moitié des destructions d'emplois industriels aux États-Unis. Selon la Banque de France, pendant la même période, la hausse des importations chinoises dans l'Hexagone a provoqué la perte de 270 000 emplois (90 000 dans l'industrie, 180 000 dans les autres secteurs), soit 13 % du déclin de l'emploi en France[1].

J'ai entendu ce même cri de ralliement contre « les Chinois » dans une vallée des Vosges où les usines textiles avaient fermé les unes après les autres, direction la Chine, laissant derrière elles un désert industriel, un avenir bouché. On oublie de dire que si les Chinois nous ont « piqué les jobs », c'est d'abord parce que « nos » multinationales ont investi massivement en Chine, en quête de main-d'œuvre bon marché à exploiter et de nouveaux consommateurs. Il n'y a pas de fatalité. Un soir de 2003,

---

1. Guillaume de Calignon, « Une étude chiffre les destructions d'emplois liées à l'essor chinois », *Les Échos*, 19 septembre 2016 (http://www.lesechos.fr/economie-france/conjoncture/0211306502487-une-etude-chiffre-les-destructions-demplois-liees-a-lessor-chinois-2028469.php).

j'ai rencontré par hasard des Français dans une pizze-
ria de Nankin, l'ancienne capitale impériale chinoise,
à l'ouest de Shanghai. C'était un groupe de techniciens
des Cristalleries d'Arques, une entreprise familiale du
nord de la France, dont les racines remontent à 1825 et
qui employait en 2003 plus de 10 000 salariés. Ces techniciens de l'entreprise rebaptisée Arc International étaient
à Nankin pour installer une ligne de production et former
le personnel chinois, officiellement pour la production
bas de gamme destinée au marché chinois. Les techniciens, résignés, savaient qu'ils participaient à leur mise à
mort : « On nous dit que c'est seulement pour le bas de
gamme, mais les ouvriers chinois apprennent vite et seront
bientôt capables de faire les productions les plus sophisti-
quées, six fois moins cher que nous en France. Comment
résister ? » Ils n'avaient pas tort : Arc International, en raison de choix hasardeux, est allé de crise en crise, et le
nombre de salariés en France a diminué de plus de moitié en dix ans. En 2015, l'entreprise familiale a été cédée
à un fonds d'investissement américain.

Paradoxalement, la hausse des salaires et des coûts
en Chine même provoque à son tour des délocalisations vers de nouvelles « proies », le Vietnam voisin ou,
plus loin, le Bangladesh, mais aussi l'Afrique, nouvelle
terre de conquête chinoise.

Les tenants de la « mondialisation heureuse » ont
voulu croire, ou faire croire, pendant ces trois dernières décennies, que le « gâteau » global ne faisant que
croître tout le monde en bénéficierait. Cette croissance
a pourtant été particulièrement inégalitaire, comme l'a
montré Thomas Piketty dans son improbable best-seller

Le Capital au XXIe siècle: aux États-Unis en 2012, les 1 % les plus riches ont capté à eux seuls 22,5 % des revenus, du jamais-vu depuis 1928; les 0,1 % les plus aisés s'approprient désormais 10 % du revenu national, contre 2 % vingt ans auparavant, gagnant 100 fois plus que la moyenne. En France, l'écart est moins important: 25 fois plus que la moyenne. Selon l'ONG Oxfam, cet accaparement de richesse s'accélère: 62 personnes possédaient en 2015 autant que la moitié la plus pauvre de la population mondiale. Elles étaient encore 388 cinq ans plus tôt. Intenable, comme l'a reconnu Barack Obama lui-même, dans un discours-testament à la tribune des Nations unies en septembre 2016: « Un monde où 1 % de l'humanité détient autant de richesses que les 99 % restants ne peut être stable. » Branko Milanovic, ancien économiste à la Banque mondiale, aujourd'hui professeur d'économie, confirme: « Il ne faut pas croire que les perdants de la mondialisation soient victimes d'une illusion d'optique. La stagnation de leurs revenus est due à l'explosion du chômage, à la généralisation de la précarité, à la faiblesse des salaires, aux délocalisations des entreprises vers des pays d'Asie. Surtout, ils ne vivent pas sous un gouvernement mondial, mais dans des États-nations. Le chômeur français ou américain se fiche de ce qui se passe en Chine. En revanche, il voit que dans son propre pays les 1 % à 5 % les plus riches ont profité de la mondialisation, contrairement à lui[1]. »

---

1. Antoine Reverchon, « La mondialisation a étendu la captation des rentes à la planète », *Le Monde,* 20 juillet 2016 (http://www.lemonde. fr/idees/article/2016/07/20/nous-savons-aujourd-hui-qu-il-y-a-des-gagnants-et-des-perdants-de-la-mondialisation_4972006_3232.html).

Le Pr Milanovic a publié un graphique qui a beaucoup circulé sur les réseaux sociaux en 2016 : il montre une courbe en forme d'éléphant. La trompe dressée, à droite, ce sont les fameux « 1 % » qui ont bénéficié de la mondialisation de manière spectaculaire ; le creux le plus bas de la courbe, avant la trompe, ce sont les classes moyennes occidentales, aux revenus et au statut déprimés ; le « dos » rond de l'éléphant, ce sont les nouvelles classes moyennes des pays émergents, qui ont bénéficié de la dernière phase comme on l'a vu, mais sont aussi inquiètes de leurs gains fragiles. Reste, tout à gauche, la queue de l'éléphant, ce sont les pauvres d'hier qui sont toujours les pauvres d'aujourd'hui, un peu moins nombreux, et qui attendent leur tour de grimper sur le dos de l'animal !

C'est ce qu'ont compris les électeurs américains qui ont permis la victoire de Donald Trump : le richissime démagogue a été plébiscité par les « petits Blancs », ces membres de la « classe moyenne inférieure » et de la classe ouvrière américaine, victimes de la mondialisation inégale ; c'est aussi l'écho de la même rancœur, dirigée cette fois contre « les Polonais » ou « les Roumains », qui se faisait entendre dans les villes et campagnes perdues du nord de l'Angleterre qui ont assuré le succès du Brexit, la sortie du Royaume-Uni de l'Union européenne, au référendum de juin 2016.

Un bon observateur de la scène américaine confiait en 2016 que personne n'avait vu venir ce phénomène, ce qui explique qu'aucun « expert » n'a réellement cru que Donald Trump réussirait à décrocher l'investiture républicaine. « Les électeurs ont choisi le candidat qui leur semblait le plus à même de faire un bras d'honneur à Washington », ajoutait-il. Bernie Sanders, le rival malheureux de Hillary Clinton pour l'investiture démocrate, incarnait lui aussi une forme de révolte contre une mondialisation génératrice d'inégalités, estimant que l'enjeu de la campagne était de mettre fin à « quarante ans de déclin pour la classe moyenne américaine ». Analysant l'écho important de la campagne du rival de Hillary Clinton, qui ne lui a toutefois pas permis d'obtenir l'investiture, Thomas Piketty a estimé que « le succès remporté [...] par Sanders montre qu'une partie de l'Amérique est lassée de la montée des inégalités et de ces pseudo-alternances, et entend renouer avec l'agenda progressiste et la tradition égalitaire américaine. Hillary Clinton, qui se battait à la gauche de Barack Obama en 2008, notamment sur l'assurance-santé, apparaissait en 2016 comme la tenante du *statu quo*, l'héritière du régime politique Reagan-Clinton-Obama[1] ». Critique de gauche par Sanders ou dénonciation populiste par Trump sont les deux facettes, radicalement différentes, d'un même malaise explosif. Sanders contre Wall Street, Trump contre Washington, sont les deux facettes d'une même révolte. « Le problème, confiait notre observateur de l'Amérique, est que Clinton représente à la fois Washington et Wall Street... » Un double handicap qui explique largement sa défaite.

---

1. Thomas Piketty, « Le choc Sanders », *Le Monde*, 13 février 2016 (http://www.lemonde.fr/idees/article/2016/02/13/le-choc-sanders_4864744_3232.html).

L'insurrection qui vient

Pendant les primaires, le journaliste américain Christopher Caldwell a cité, dans une tribune publiée par *Le Monde,* le livre *The Rise and Fall of American Growth* de l'économiste Robert J. Gordon, abondamment débattu aux États-Unis, et résumait ainsi la situation : « Des fortunes sans précédent ont été bâties sur la cannibalisation (au travers des licenciements), la sous-tarification (par l'immigration) et le contournement (par le libre-échange) de l'ancienne économie. Mais cela ressemble à un jeu à somme nulle. Nous sommes aux tout premiers stades d'une insurrection contre ce jeu. Trump est probablement la forme la plus bénigne qu'une telle insurrection pourrait prendre[1]. »

Les « perdants » donnent donc de la voix, avec ce mélange de refus plus ou moins confus de la mondialisation ; de rejet de l'« autre », le réfugié, le migrant ; et de défiance vis-à-vis des élites accusées de les avoir conduits dans l'impasse.

La France ne fait évidemment pas exception, au contraire, et la peur du déclassement explique largement que le Front national, depuis qu'il est dirigé par Marine Le Pen, accorde autant d'importance aux questions économiques et sociales, faisant passer au second plan les thèmes plus classiques de l'extrême droite

---

1. Christopher Caldwell, « Pourquoi Donald Trump peut gagner les élections américaines », *Le Monde,* 22 mai 2016 (http://www.lemonde.fr/idees/article/2016/05/22/pourquoi-donald-trump-peut-gagner-les-elections-americaines-par-christopher-caldwell_4924156_3232.html).

française, hérités de son histoire, de l'Algérie française, de l'OAS... Peu importe que ses «solutions» soient peu crédibles, comme aux États-Unis, elles portent auprès de ceux qui rendent la classe politique traditionnelle responsable de leur déclassement, réel ou supposé. À ce prix, le «nouveau» Front national a pu élargir sa base électorale.

En France, le poids considérable de l'État providence a longtemps camouflé la réalité et permis des réajustements sans trop de douleur, au risque de creuser les déficits et l'endettement. Cette réalité s'est pourtant insensiblement installée, comme l'a démontré l'économiste et urbaniste Laurent Davezies, professeur au CNAM et à Sciences Po : en 2012, il publie un essai, *La crise qui vient*, qui résonne comme un cri d'alarme. « La France est à la veille d'un choc nouveau et autrement plus brutal que les précédents », écrit-il.

Son essai est une tentative de cartographier la fragmentation des territoires en France après une série de crises économiques, dont la dernière, celle des «subprimes» en 2008-2009, a un impact durable. À travers un minutieux travail statistique, il a défini, quasiment canton par canton, «quatre France» bien distinctes, qu'il résumait ainsi dans une interview au magazine *Challenges*[1] : «La première, c'est ce que j'ap-

---

1. Jérôme Lefilliâtre, «Laurent Davezies : "Économiquement, le pays est divisé en quatre France"», *Challenges*, 31 octobre 2012 (http://www.challenges.fr/economie/20121029.CHA2493/laurent -davezies-auteur-de-la-crise-qui-vient-economiquement-le-pays-est-div ise-en-quatre-france.html).

pelle la "France marchande dynamique" – celle des
métropoles essentiellement [...]. Elle a connu une
forte désindustrialisation depuis les années 80, mais
elle s'est reconvertie et est dotée d'une main-d'œuvre
qualifiée. Elle est déjà dans le redressement productif :
à Nantes par exemple, on créait de l'emploi industriel
pendant la crise.

« La deuxième France, qui regroupe elle aussi
40 % de la population, est constituée de territoires
non-marchands dynamiques. Sans être très productifs ni
très compétitifs, ils ont réussi, grâce au tourisme notamment, à la présence de retraités et à l'emploi public, à
voir leur situation s'améliorer. C'est une France keyné-
sienne, qui va connaître un coup de frein avec le désen-
dettement, mais qui va tenir le coup malgré tout.

« Et puis, il y a les deux dernières France, qui se ressemblent et contiennent chacune 10 % de la population. Elles sont issues de la France traditionnellement
industrielle, surtout dans le Nord-Est et autour du
Bassin parisien. L'une est la France des plans sociaux
actuels, marchande et non-dynamique. [...] Enfin, il y a
des territoires non-marchands et non-dynamiques, qui
ont perdu leur activité productive et vivent essentiellement des revenus sociaux. » 20 % de la population du
pays, donc, qui décrochent et que la puissance publique
n'a plus guère les moyens de soutenir par des trans-
ferts financiers en provenance des régions plus pros-
pères, comme cela s'est toujours fait dans les périodes
difficiles.

Plusieurs vitesses

Les réorganisations territoriales en sont le reflet, qui organisent, sans le dire, une France à plusieurs vitesses. Il y a la France des treize métropoles où vivent une bonne moitié des Français : Nice fut la première en 2012, suivie de Paris et Marseille, tandis que Dijon et Orléans, rattrapées *in extremis,* rejoindront ce statut envié des « insiders » en 2017. Des ensembles urbains élargis, de 400 000 habitants minimum, disposant d'une activité et d'un potentiel économiques qui leur permettent de peser sur le plan national et européen. « L'économie globalisée se construit désormais entre métropoles », affirme, triomphant, Gérard Collomb, le sénateur-maire et président de la métropole de Lyon, qui « en est ».

Et il y a ceux qui n'en sont pas, et voient leur attractivité et même la présence de l'État se réduire. Dans soixante départements ruraux, par exemple, le ministère de l'Éducation nationale encourage le regroupement d'écoles, au risque de condamner à mort les plus petites communes dont les enfants devront se déplacer chez les voisins pour suivre leur scolarité. « Une commune qui perd son école, c'est une commune qui meurt doucement », s'exclamait un maire du Morbihan à l'été 2016, alors que se négociaient les regroupements d'écoles dans sa région[1]. Toujours à l'été 2016,

---

1. Aurélie Collas, « Vers la fin des petites écoles rurales ? », *Le Monde,* 19 août 2014 (http://www.lemonde.fr/education/article/2016/08/19/vers-la-fin-des-petites-ecoles-rurales_4984913_1473685.html).

Le Monde relevait que la presque totalité des 15 000 communes rurales ou isolées de France (sur un total de 36 000 communes) « sont rongées par la dévitalisation de leur centre, qui va en s'aggravant » ; et de citer un expert du marché immobilier pour qui « la France vit un deuxième exode rural »[1]. Depuis des années, la complainte des habitants de ces communes et de ces zones défavorisées porte sur le désengagement des services publics, regroupements en un guichet unique ou fermeture pure et simple. C'est souvent l'un des premiers griefs de ceux qui votent Front national.

La sociologue Camille Peugny, auteur d'un livre sur le déclassement en 2009, écrit dans une note publiée par la Fondation Jean-Jaurès en 2013 : « Le déclassement, qui est une réalité pour un nombre croissant d'individus, grignote la structure sociale par le bas et gagne des groupes sociaux qui jusqu'alors en étaient relativement protégés. [...] Dans ce contexte, si une relative paix sociale subsiste, c'est parce que les perdants de la mondialisation se font la guerre entre eux : dans une société travaillée par le déclassement, où chacun se sent, à tort ou à raison, tiré vers le bas, les boucs émissaires sont recherchés plus bas que soi : les "petits-moyens" cherchent à maintenir leurs distances avec les classes populaires en emploi, lesquelles dénoncent "l'assistanat" dans lequel se vautreraient les

---

1. Isabelle Rey-Lefebvre, « L'inquiétante dévitalisation des bourgs », *Le Monde*, 5 août 2016 (http://www.lemonde.fr/logement/article/2016/08/05/l-inquietante-devitalisation-des-bourgs_4978713_1653445.html).

chômeurs, qui à leur tour dénoncent les "mauvais chômeurs", etc. »

Sa conclusion : « La montée de cette "conscience sociale triangulaire" remarquablement théorisée par Olivier Schwartz (le sentiment d'être pris en étau entre "eux, les gros" et "eux, les assistés") ouvre un boulevard aux partis autoritaires et conservateurs. »

Rien de ce qui se passe en France, et dans le reste du monde qu'on n'ose plus appeler «industriel», depuis trois ans ne vient contredire cette conclusion. Cette France à plusieurs vitesses constitue une rupture du contrat social, sans le dire. Mais qui osera venir devant les électeurs en disant la vérité ? Alors on donne en douce des coups de canif à ce contrat qui unit les citoyens au sein de la République, tout en jurant qu'on ne laissera personne au bord de la route. Pourtant, la redéfinition du «contrat social», au sens où l'entendait Jean-Jacques Rousseau dans son livre fondamental publié en 1762, c'est-à-dire un pacte garantissant la liberté et l'égalité entre les citoyens en échange du renoncement à leur liberté «naturelle», serait non seulement nécessaire, mais aussi salutaire dans un contexte où la confiance est affaiblie. L'alternative est une révolte des exclus, électorale ou pas, en France et dans le monde ex-industriel. La victoire du Brexit au Royaume-Uni et celle de Donald Trump aux États-Unis ont enfin mis le sujet au cœur du débat public. En attendant la présidentielle française...

Alors que fait-on ? On continue en attendant l'explosion ?

7

En mal d'identité

La scène se passe sur le quai du métro République, à Paris, le 26 février 2006. Une imposante manifestation vient de se dérouler en hommage à Ilan Halimi, ce jeune juif, vendeur de téléphones portables boulevard Voltaire, kidnappé, atrocement torturé et assassiné par le «gang des barbares». D'un wagon du métro arrêté parvient la clameur d'une altercation qui se poursuit sur le quai. Deux jeunes hommes noirs athlétiques sont pris à partie par un groupe de juifs du même âge, des manifestants visiblement. On ne sait pas ce qui a déclenché l'engueulade dans le wagon, mais on saisit la suite. L'un des jeunes Noirs: «Vous dites que vous êtes des victimes dans ce pays, mais quand vous cherchez du boulot ou un appartement, ce n'est pas votre couleur de peau qu'on regarde, c'est la nôtre», dit-il en montrant son avant-bras. Des adultes venant eux aussi de la manifestation séparent les jeunes gens avant que la dispute ne dégénère.

Cet échange me laisse pantois : ainsi donc, dans la France du XXIe siècle, on se hurle dessus pour savoir qui est le plus malheureux, le plus discriminé, la principale victime !

Querelle victimaire, concurrence des mémoires, repli identitaire, communautarisme... Nous vivons depuis trop longtemps avec ces phénomènes qui mettent à mal l'édifice républicain et la cohésion du pays. Ni le laisser-faire ni les coups de menton autoritaires n'ont réussi à inverser la tendance qui atteint le seuil de dangerosité, au point que les références à une possible « guerre civile » ont fait leur entrée dans le débat public, sans crier gare. Même le moment de bonheur éphémère « black-blanc-beur », après la victoire de l'équipe de France de football à la Coupe du monde de 1998, était le reflet de ce miroir déformant de la société française.

Les actes terroristes menés sur le sol français par des enfants du pays, nés et éduqués en France, obligent à regarder la réalité en face : pas facile de le faire sans complaisance ni hystérisation, les deux travers d'un débat politique piégé.

D'abord la question rituelle : d'où est-ce que je parle ? J'appartiens à une génération et à une histoire dans lesquelles la question de l'intégration au « récit national » français se posait d'une manière différente, non conflictuelle en ce qui me concerne. Je suis né en Tunisie juste avant son accession à l'indépendance en 1956, dans une famille juive non religieuse présente dans le pays bien avant l'instauration du protectorat français en 1881. Je racontais parfois à mes amis chinois à Pékin que j'étais devenu français par les hasards de l'histoire, et que si la Tunisie avait été colonisée par la Chine, je serais sans doute devenu chinois. À ce stade, ils décrochaient, car on ne devient pas chinois « par hasard »…

Une partie de ma famille a accédé à la citoyenneté française dès les années 20 lorsque celle-ci a été ouverte aux juifs d'Afrique du Nord ; l'autre pas. Mon grand-père paternel parlait plus l'arabe que le français, et je ne me souviens pas d'avoir beaucoup échangé avec lui quand j'étais enfant, alors que mon grand-père maternel se comportait comme s'il était issu de l'aristocratie angevine…

En deux générations, notre intégration – on disait alors « assimilation », mot qui avait disparu jusqu'à ce que Nicolas Sarkozy le réhabilite dans son livre-programme publié en 2016 – dans le moule français s'est faite sans douleur : j'ai fréquenté le célèbre lycée Carnot de Tunis, établissement scolaire français où se côtoyaient tous les milieux sociaux, toutes les origines et religions ; et dont sont sortis des hommes comme Philippe Séguin, Edgard Pisani ou… Georges Wolinski ! Et nous allions chaque année en vacances en France, sans avoir le sentiment de voyager « à l'étranger ».

Mon installation à Paris, en 1965, m'est ainsi apparue comme le prolongement naturel de cette enfance franco-tunisienne, et avoir été ado à Paris en 1968 me permit une intégration/assimilation accélérée dans le tourbillon révolutionnaire de l'époque et dans l'insouciance d'une société de plein-emploi. Rétrospectivement, même si je suis né français, je le suis véritablement devenu en renonçant à une part de moi-même, à un héritage culturel familial que je connais peu et que j'ai même involontairement nié. J'ai subi la même « violence » qu'un Breton ou un Occitan qu'on a privé de sa langue pour entrer de force dans le « récit national » ; une violence sans douleur en ce qui me concerne, même si subsiste en permanence le sentiment d'une invisible différence, d'un « double » qui a une autre musique dans un coin de la tête.

« Les Français c'est les autres »

Cette époque est révolue. La demande identitaire est devenue une composante incontournable pour les nouvelles générations depuis une trentaine d'années, à la fois en raison de la constitution de ghettos urbains inconnus jusque-là, de la montée d'un chômage de masse à partir des chocs pétroliers des années 70, et des ratés de la « machine intégrationniste » française. La France est devenue multiculturelle, pour le meilleur ou pour le pire, alors qu'elle ne voulait voir qu'une tête ! L'historien Benjamin Stora, spécialiste de l'Algérie et président de la Cité nationale de l'histoire de l'immigration, explique bien la mutation générationnelle de l'immigration maghrébine et africaine, avec une troisième génération née en France qui s'invente un imaginaire identitaire artificiel, faute d'intégration ou de possible « retour ».

Le résultat est déconcertant. Un documentaire, *Les Français c'est les autres*, diffusé sur France 3 un soir (très tard) de février 2016, nous en donne l'une des meilleures illustrations. Les deux auteurs, Isabelle Wekstein-Steg, avocate, et Mohamed Ulad, réalisateur, l'une juive, l'autre musulman, sont rompus à l'animation de dialogues à deux voix avec la France des banlieues et des stéréotypes. Ils posent deux questions à un groupe de lycéens de la région parisienne «issus de l'immigration», comme on dit pudiquement:

– Qui est français?

Tout le monde lève la main.

– Qui se sent français?

Une seule main se lève dans la classe, celle d'une jeune Noire qui explique que, dans sa tête, elle est «blanche». Un autre répond que le Français, pour lui, c'est un blond aux yeux bleus, propre sur lui...

Le documentaire illustre parfaitement la crispation identitaire qui s'est emparée de la France, au point que ces jeunes issus de l'immigration s'interpellent en reprenant les stéréotypes les plus racistes et dégradants sur eux-mêmes, un humour cruel et dévalorisant qui en dit long sur l'environnement dans lequel ils grandissent. Ils ont un discours parfaitement mythique sur les pays d'origine de leurs familles, qu'ils connaissent peu ou pas, ainsi que sur le reste de la société française qu'ils ne côtoient que par le prisme de l'autorité (l'école, la police...) ou par l'univers biaisé d'Internet.

Ces jeunes filmés par Isabelle Wekstein-Steg et Mohamed Ulad vivent à quelques kilomètres seulement du centre de Paris. Mais quand les deux auteurs les emmènent filmer et interroger les passants dans une rue commerçante de la capitale, leur première réaction est la surprise : « Ils nous ont parlé normalement. » Cette normalité-là, ou plutôt son absence dans leur quotidien, c'est finalement le vrai problème dans un pays qui n'a que l'expression désuète « vivre-ensemble » à la bouche, sans réellement la mettre en pratique. Vivre ensemble, mais de part et d'autre du périphérique... C'est le reflet de l'incapacité à se sentir français quand la France ne vous regarde généralement pas comme légitimement français, ou ne vous regarde pas du tout. Dans la même veine, j'avais rencontré à Pékin au début des années 2000 une jeune Franco-Marocaine de Lille, au prénom arabe, venue travailler en Chine et qui me confiait : « Pour la première fois de ma vie, je me sens véritablement française. » Voyant ma surprise, elle s'expliquait : « Pour les Chinois, je suis une Française comme les autres, ils ne me regardent pas comme franco quelque chose, ou avec un prénom ou un accent bizarre. » Venir en Chine pour se sentir français, il y a quelque chose qui ne tourne pas rond.

La société française n'a pas su faire face à cette question pourtant posée depuis au moins trois décennies. Et l'irruption d'un terrorisme « national » est venue brouiller le regard, rendre plus difficile encore de discuter de l'islam, de l'immigration, de banlieues, de discriminations et d'égalité sans tomber dans la caricature et l'idéologie, l'« hystérie » – pour reprendre le reproche d'Alain Juppé vis-à-vis de son rival Nicolas Sarkozy. Il y aurait quelque aveuglement à ne pas y voir le terreau de futurs malheurs et déchirements pour la société française, qui ne peut faire éternellement le grand écart, à la fois entre des territoires à plusieurs vitesses, mais aussi et surtout entre ses valeurs proclamées haut et fort – et à juste titre – à chaque épreuve, et la réalité que vivent bon nombre de Français, et pas seulement ceux qui sont issus de l'immigration. Avec ou sans le terrorisme, il y a là une insupportable part d'ombre de la société française.

Avant de déclarer qu'« expliquer, c'est justifier », Manuel Valls s'était lui-même livré, à haute voix, à quelques tentatives d'« explications ». C'était le 20 janvier 2015, lors des vœux du Premier ministre à la presse, moins de deux semaines après les attentats de *Charlie Hebdo* et de l'Hyper Cacher, alors que l'on commençait à comprendre que tout le monde n'était pas « Charlie » dans le pays. Il existe en France, avait-il dit, « un apartheid territorial, social, ethnique ».

Au-delà de ce mot terrible d'apartheid, il avait dressé ce jour-là un état des lieux accablant de la société française : « Il faut ajouter toutes les fractures, les tensions qui couvent depuis trop longtemps et dont on parle uniquement par intermittence. [...] Les émeutes de 2005, qui aujourd'hui s'en rappelle ? Et pourtant... les stigmates sont toujours présents. » Et d'évoquer « la relégation périurbaine, les ghettos [...], la misère sociale, [...] les discriminations quotidiennes parce que l'on n'a pas le bon nom de famille, la bonne couleur de peau, ou bien parce que l'on est une femme. [...] Nous devons combattre chaque jour ce sentiment terrible qu'il y aurait des citoyens de seconde zone ou des voix qui compteraient plus que d'autres. Ou des voix qui compteraient moins que d'autres. [...] Dans de nombreux quartiers, chez de nombreux compatriotes, ce sentiment s'est imposé qu'il n'y a plus d'espérance, et la République doit renouer avec l'espérance[1]. » Le mot d'« apartheid » a fait polémique à l'époque, car, évidemment, en Afrique du Sud, la discrimination était inscrite dans la loi, qui déterminait, en fonction de la couleur de la peau, dans quel quartier on habitait, quelle école on fréquentait, et même qui on pouvait épouser (jusqu'aux relations sexuelles interraciales, qui étaient interdites : André Brink y a consacré l'un de ses plus beaux romans, *Au plus noir de la nuit*). Pas de ça en France où la devise de la République contient les nobles mots d'égalité et de fraternité, et l'article premier de sa Constitution « assure l'égalité devant la loi de tous les citoyens sans distinction d'origine, de race [oui, il y a bien le mot "race" dans la Constitution de la Ve République] ou de religion[2] ».

Mais justement, pour avoir vécu comme correspondant en Afrique du Sud à l'époque de l'apartheid, je

---

1. « Manuel Valls évoque un "apartheid territorial, social, ethnique" en France », lemonde.fr, 20 janvier 2015 (http://www.lemonde.fr/politique/article/2015/01/20/pour-manuel-valls-il-existe-un-apartheid-territorial-social-ethnique-en-france_4559714_823448.html).

2. L'article premier intégral de la Constitution du 4 octobre 1958 : « La France est une République indivisible, laïque, démocratique et sociale. Elle assure l'égalité devant la loi de tous les citoyens sans distinction d'origine, de race ou de religion. Elle respecte toutes les croyances. Son organisation est décentralisée. La loi favorise l'égal accès des femmes et des hommes aux mandats électoraux et fonctions électives, ainsi qu'aux responsabilités professionnelles et sociales. »

https://www.legifrance.gouv.fr/affichTexteArticle.do?idArticle=LEGIARTI000019240997&cidTexte=LEGITEXT000006071194&dateTexte=20160813

vois un point commun entre les deux sociétés : la bonne conscience. Au pays de l'apartheid, pendant long-temps (plus tellement les dernières années), la majo-rité des Blancs, surtout les Afrikaners, avaient la bonne conscience paternaliste de ceux qui pensent agir pour le bien de l'autre, y compris malgré lui. En France, nous sommes tous égaux mais, comme disait Orwell dans *La Ferme des animaux*, certains sont plus égaux que d'autres. Et la bonne conscience républicaine nous a permis de vivre depuis des décennies en acceptant une société qui pratiquait la discrimination à haute dose. Cette hypo-crisie arrive à bout de souffle.

Il suffit d'ailleurs de voir les réactions horrifiées à l'ap-parition en France d'une frange identitaire « racisée » – mot atroce à mes oreilles, et qu'elle emploie par pro-vocation –, c'est-à-dire, en fait, de « non-Blancs » comme on disait à l'époque de l'apartheid… La référence est toutefois moins l'Afrique du Sud que les États-Unis, avec les Black Panthers des années 60, qui avaient créé une société parallèle au monde blanc, y compris une milice armée ; ou, plus contemporain, le mouvement Black Lives Matter, « Les vies noires comptent », apparu avec la multiplication des « bavures » policières contre des Noirs aux États-Unis. À l'été 2016, on a ainsi vu naître un « Black Lives Matter France » après la mort, après son interpellation, du jeune Adama Traoré à Beaumont-sur-Oise, près de Paris, et un « camp d'été décolonial » interdit aux « non-racisés »… La fracture naissante est béante.

Rendez-vous manqués

Pourtant, les alertes n'ont pas cessé, qui jalonnent les trente dernières années comme autant d'occasions ratées de corriger des erreurs dramatiques. Dans ce pays qui ne manque jamais une commémoration ou un anniversaire, nous avons ainsi «célébré» ces dernières années les trente ans de la Marche nationale pour l'égalité des droits et contre le racisme, plus connue comme la «Marche des beurs», de Marseille à Paris entre octobre et décembre 1983. Dans *Libération*, l'un des participants fait ce constat amer: «Au bout de trente ans, notre place n'est pas acquise. On est toujours les Indiens de la société[1]. »

Deux ans plus tard, c'est un autre anniversaire, celui des émeutes de banlieue de 2005, qui était largement évoqué dans les médias. Avec ce commentaire percutant du sociologue Laurent Mucchielli, auteur de *Quand les banlieues brûlent… Retour sur les émeutes de novembre 2005*: «Faire un bilan, dix ans après, est intéressant. Mais les approches pseudo-commémoratives sont ridicules. Le problème, récurrent, c'est que l'on ne s'intéresse aux banlieues que lors d'événements ou de faits divers, et pas au quotidien. C'est lié au fonctionnement événementiel des médias, mais aussi au fait que les gens qui ont le pouvoir dans les médias appartiennent à l'élite politique et économique. Ils portent un regard teinté

---

1. Alice Géraud, «"Marche des beurs", trente ans de silence », *Libération*, 2 décembre 2013 (http://www.liberation.fr/societe/2013/12/02/marche-des-beurs-trente-ans-de-silence_963730).

d'anxiété, de suspicion, voire de mépris sur les quartiers populaires, qu'ils considèrent comme une jungle dangereuse[1]. »

En 2005, j'ai cru naïvement que la prise de conscience était désormais faite, et qu'on allait réellement s'attaquer au dossier sous toutes ses coutures. Une décennie, trois présidents et plusieurs ministres de la Ville plus tard, même s'il serait malhonnête de dire que rien n'a été fait, le problème reste entier. On se souvient de Nicolas Sarkozy, alors ministre de l'Intérieur, lançant, lors d'une visite à la Cité des 4 000 à La Courneuve en juin 2005 : « On va nettoyer la cité au Kärcher. » Mais, plus d'une décennie plus tard, La Courneuve, qui compte 50 % de logements sociaux, et un tiers d'habitants de moins de 20 ans, a toujours un revenu mensuel moyen par foyer inférieur de moitié à celui de l'Île-de-France. Le « Kärcher » n'est pas une baguette magique pour problèmes économiques et sociaux, et la posture volontariste ne suffit pas à changer la donne.

Des enfants du pays

La France a fini par prendre conscience, tardivement et dans la douleur, de l'existence de cette bombe à retardement lorsqu'elle a explosé : les pires atrocités

---

1. Claire Hache, « 10 ans après les émeutes, "la situation des banlieues est encore plus mauvaise" », lexpress.fr, 27 octobre 2015 (http://www.lexpress.fr/actualite/societe/10-ans-apres-les-emeutes-la-situatio n-des-banlieues-est-encore-plus-mauvaise_1729611.html).

terroristes que ce pays ait connues depuis la Seconde Guerre mondiale ont été commises par des enfants du pays. Mohamed Merah, le tueur des militaires de Montauban et des enfants juifs de l'école Ozar-Hatorah de Toulouse en 2012, était né dans la ville où il a commis ses crimes. Mais c'est surtout avec les attaques, le 7 janvier 2015, de *Charlie Hebdo* puis, le 9 janvier, de l'Hyper Cacher par les frères Kouachi, nés à Paris, et Amedy Coulibaly, né à Juvisy-sur-Orge (Essonne), puis celles du 13 novembre la même année sur les terrasses des cafés parisiens et le Bataclan, que la France s'est découverte « en guerre » avec certains de ses fils – les trois auteurs de la tuerie du Bataclan, qui a fait 90 morts et des dizaines de blessés, étaient originaires de Paris, de Courcouronnes (Essonne) et de Wissembourg (Bas-Rhin). Quant aux meurtriers du père Hamel à Saint-Étienne-du-Rouvray, en juillet 2016, le premier est né à Mont-Saint-Aignan (Seine-Maritime) et le second à Saint-Dié-des-Vosges (Vosges). Tous sont nés dans les années 80 ou 90.

Il ne s'agit évidemment pas de dire ici que tous ceux qui grandissent dans cet environnement marginalisé deviennent des terroristes... Ni que tous les terroristes sont issus de ce contexte social et culturel particulier. Et encore moins de réduire la « banlieue » à cette image de ghettos ou de prétendus « territoires perdus de la République » : il y a aussi, dans les quartiers, des gens qui se battent pour s'en sortir, s'entraident, créent, innovent, aiment, et c'est justement pour cette raison qu'il faut réagir. Une note de la fondation Terra Nova, en 2016, consacrée aux zones urbaines sensibles (ZUS), souligne ainsi qu'«à rebours de bien des idées reçues, les ZUS ne sont ni des déserts entrepreneuriaux, ni des no man's land économiques. Au contraire, ce sont des gisements d'initiatives méconnus. La raison en est simple : la création d'entreprises y est souvent un moyen de se réaliser et d'échapper à sa condition d'origine[1] ». Mais c'est encore très insuffisant, peu reconnu, pas assez encouragé.

La question des ghettos a incontestablement croisé celle de l'islam radical. Même si, comme le constatait dès 2014 le journaliste David Thomson, l'un des meilleurs spécialistes du djihadisme à la française, ce n'est pas nécessairement la pratique religieuse rigoriste qui conduit directement à l'engagement djihadiste : « Contrairement aux idées reçues, la plupart des Français s'aventurant sur le terrain du djihad se sont auto-radicalisés seuls via les réseaux sociaux, et surtout via Facebook. Il n'y a pas – ou très peu – d'engrenage via des réseaux islamistes, implantés en France et recrutant les jeunes à la sortie des mosquées. La majorité des jeunes interviewés dans le livre se sont forgé une foi indéfectible en Allah en surfant sur Internet, en s'abreuvant de vidéos de prêches d'intégristes de tout poil. Pas un n'a suivi une "éducation religieuse" dispensée dans les mosquées françaises. Beaucoup ont communiqué via les pages Facebook avec d'autres djihadistes déjà présents en Syrie. » Les parcours des djihadistes français passent plus souvent par la case

---

1. Fondation Terra Nova, « Entreprendre dans les quartiers », http://tnova.fr/rapports/entreprendre-dans-les-quartiers-les-condit ions-de-la-reussite

délinquance et prison que par celle de la foi et de la mosquée.

Pour le sociologue Michel Wieviorka, s'exprimant fin 2015 dans le Bondy Blog – ce média né des émeutes de banlieue de 2005 –, « ce sont des gens qui sont passés par des processus de désubjectivation, puis de resubjectivation. Ils se sont mis en dehors de la société, se sont assez largement désocialisés. Et ils se sont retournés contre elle : c'est le côté perte de sens et désubjectivation. Dans Daech, ils ont trouvé la violence extrême, la cruauté et un discours religieux : l'idéologie qui, à leurs yeux, redonne du sens à leur existence et à leur propre mort[1] ».

Il aura fallu, en septembre 2016, une étude de l'Institut Montaigne[2], un think tank d'inspiration libérale, pour que l'on cesse d'essentialiser les Français de culture musulmane ; pour constater que, comme chaque groupe culturel ou social, il a ses différences. Cette étude, à la méthodologie contestée, intitulée « Un islam français est possible », démolit certaines idées reçues : « Il n'y a ni "communauté musulmane", ni "communautarisme musulman" unique et organisé. Il existe des Français de culture et de confession musulmanes, dont le sentiment d'appartenance à la

1. Louis Gohin, «Michel Wieviorka: "Si notre pays aborde autrement les grandes questions, nous avons une chance"», *Bondy Blog*, 12 août 2016 (http://www.bondyblog.fr/201608120001/michel-wieviorka-si-notre-pays-aborde-autrement-les-grandes-questions-nous-avons-une-chance-2/#.V8aEG7VqcSI).
2. Hakim El Karoui, «Un islam français est possible», Institut Montaigne (http://www.institutmontaigne.org/fr/publications/un-islam-francais-est-possible).

communauté musulmane est avant tout individuel : peu d'engagement associatif au nom de l'islam ou encore la faiblesse d'un sentiment de destinée collective. »

Signée par Hakim El Karoui, normalien, ancien conseiller de Jean-Pierre Raffarin à Matignon, fondateur du Club XXIᵉ siècle qui regroupe des membres de l'élite française issus de la « diversité », cette étude contient plusieurs données chiffrées inédites, à commencer par la proportion de personnes se définissant comme musulmanes dans la population française : 5,6 %, montant à 10 % chez les 15-25 ans. Posez la question autour de vous : de très nombreux Français estiment spontanément à 20 % la part de musulmans en France, et les sites de « fact-checking » doivent régulièrement rétablir la vérité à ce propos[1]. L'étude définit également, sur la base des réponses de 15 000 personnes interrogées, trois catégories, trois comportements : d'abord une majorité relative de 46 % des musulmans, personnes « soit totalement sécularisées, soit en train d'achever leur intégration dans le système de valeurs de la France contemporaine » ; ensuite, un deuxième groupe, d'environ un quart, ayant une forte pratique religieuse mais ayant intégré la laïcité ; enfin,

---

1. Lors de la parution de l'étude de l'Institut Montaigne, le site des Décodeurs du Monde.fr a ainsi réfuté l'affirmation répétée sur les sites et médias sociaux d'extrême droite selon laquelle l'ambassadeur de France en Algérie aurait parlé de « 7 millions d'Algériens en France ». Une telle phrase, selon les Décodeurs, n'a jamais existé. Ce qui ne l'empêche pas de continuer à circuler et à alimenter les fantasmes (http://www.lemonde.fr/les-decodeurs/article/2016/09/22/la-fausse-rumeur-des-7-millions-d-algeriens-en-france_5001751_4355770.html).

un troisième groupe représentant 28 % des personnes interrogées, le plus problématique, qui conteste la laïcité et se montre « clairement opposé aux valeurs de la République ». Le chiffre de 28 % a été contesté, mais pas le fait qu'il existe une frange non négligeable de Français musulmans qui ne se reconnaissent pas dans la République.

Ce rapport a donné lieu à des interprétations qui sont le miroir d'un débat biaisé : chacun y a pioché les données qui vont dans son sens, et ignoré la complexité. Les optimistes ont pointé l'absence de « bloc islamique » et le fait qu'une majorité des deux tiers se situe dans le cadre républicain et laïc ; les pessimistes s'alarment uniquement du groupe des 28 % qui est décrit comme « clairement opposé aux valeurs de la République ». Le débat, pourtant, devrait être de savoir comment la société française, y compris sa composante musulmane, définit les limites de ce qui est acceptable et de ce qui ne l'est pas dans l'espace public. Et la solution est à trouver avec la majorité des musulmans de ce pays, pas sans elle et encore moins contre elle.

Si la question de la place de l'islam est posée au sein de l'opinion française, ce débat se déroule avec ses inévitables amalgames et simplifications, surtout lorsque cette question est traitée par la classe politique en période préélectorale. Surenchère et hystérisation sont au rendez-vous, comme l'ont montré les discussions sur les binationaux, le droit du sol ou le burkini… Le sujet mérite mieux, il est capital.

Un siècle d'islam en France

La France ne s'est pas réveillée un jour avec l'islam comme deuxième religion du pays, devant les protestants et les juifs. C'était paradoxalement déjà le cas quand l'Algérie était française, mais les musulmans se trouvaient de l'autre côté de la Méditerranée... C'était aussi le cas après l'indépendance de l'Algérie en 1962, cette fois en « métropole », avec l'immigration de travailleurs maghrébins que les entreprises françaises sont allées recruter dans leurs pays, ou avec les ex-harkis algériens fuyant les représailles pour avoir servi l'armée française. Bientôt rejoints par des communautés d'Afrique subsaharienne, de Turcs, de Pakistanais... Mais ils étaient alors « invisibles », incertains de leur statut dans leur terre d'accueil.

L'histoire de l'islam en France reste largement méconnue du grand public, malgré des efforts louables comme la série *Musulmans de France*, réalisée en 2009 pour la télévision publique par Karim Miské et Mohamed Joseph, et qui retraçait plus d'un siècle de présence musulmane sur le sol français : l'arrivée des premiers travailleurs kabyles en « métropole » au début du XXe siècle, la mort de 80 000 soldats coloniaux pendant la Première Guerre mondiale, en passant par les bidonvilles des années 60 et pour finir par la nomination de ministres de culture musulmane au gouvernement de la République ; ou d'autres coups de projecteur comme le film à succès *Indigènes*, de Rachid Bouchareb, en 2006, qui racontait le parcours de tirailleurs algériens et de goumiers marocains participant à la libération du territoire français pendant la Seconde Guerre mondiale.

C'est aussi une histoire de malentendus ou d'incompréhensions, avec une immigration qui s'imaginait temporaire et qui s'est transformée, presque sans s'en rendre compte, en composante à part entière d'une nation française en pleine mutation. Dans la foulée de Mai 68, avec d'autres lycéens engagés de mon quartier dans le XVe arrondissement de Paris, nous avions établi des contacts avec un foyer de la Sonacotra (rebaptisée depuis Adoma), cette société publique créée par le ministère de l'Intérieur pendant la guerre d'Algérie et qui abritait des travailleurs algériens considérés comme étant « provisoirement » en France. Nous donnions des cours de français à cette population exclusivement masculine, d'origine rurale, qui travaillait dans les chantiers et les usines, et que nous tentions (vainement) de politiser… En échange, ces hommes généreux nous invitaient à partager leur couscous collectif le dimanche. Ils rêvaient de leur pays natal où était restée leur famille, et ne se projetaient pas au sein d'une société française dont la Sonacotra les isolait soigneusement.

Islam en France, islam de France

Mais cette immigration venue dans les années 50 et 60 est restée, est sortie progressivement des foyers et des bidonvilles, a fondé des familles et a eu des enfants… français, grâce au droit du sol que d'aucuns voudraient remettre en cause. La société française ne s'est jamais réellement adaptée à cette réalité qu'elle n'a pas vue monter, jusqu'à ce qu'elle devienne problématique. Mais surtout, la France, laïque et connaissant une baisse constante de la pratique religieuse, n'a pas compris la montée du sentiment religieux parmi les musulmans de France, rapidement devenue un objet de fixation politique. Les revendications sociales des années 80, l'époque de la «Marche des beurs», ont cédé le pas à des revendications d'ordre religieux ou communautaire, moins consensuelles, moins susceptibles de «fédérer» de manière plus large.

Olivier Roy, professeur à l'Institut universitaire européen de Florence, et l'un des meilleurs spécialistes français de l'islam politique, souligne que, pour la gauche française des années 90, «intégration signifiait sécularisation. Aujourd'hui, ce que la gauche ne pardonne pas aux immigrés maghrébins, c'est d'avoir fait des enfants musulmans. Elle s'attendait à ce que la deuxième et la troisième génération soient sécularisées et a été très surprise de découvrir une génération de croyants[1]».

De son côté, une bonne partie de la nouvelle génération musulmane «made in France» n'accepte plus de raser les murs comme celle de ses parents, ou d'accepter

---

1. Entretien avec Olivier Roy, «Pour les femmes qui le portent, le burkini est un compromis entre la modernité et la foi», Francetvinfo. fr, 21 août 2016.
   http://www.francetvinfo.fr/societe/religion/laicite/polemique-sur-le-burkini/pour-les-femmes-qui-le-portent-leburkini est-un-compromis-entre-la-modernite-et-la-foi_1593515.html

les conseils de « discrétion[1] » qui lui sont adressés, qu'elle juge d'inspiration « coloniale ». Elle revendique un multiculturalisme contraire à la tradition française, un mot assimilé en France au communautarisme honni. Quelle dose de multiculturalisme la société française est-elle prête à accepter ? La réponse à cette question détient l'une des clés des prochaines années. À mon sens, ce multiculturalisme est inévitable : on ne fera pas « rentrer le génie dans la bouteille », pour reprendre une expression anglaise parlante. Comment le faire sans pour autant affaiblir l'« identité française » majoritaire qui se sent fragilisée, et la cohésion nationale ?

On l'a vu avec l'étude de l'Institut Montaigne, les musulmans de France ne constituent pas un seul bloc cohérent : Maghrébins, Africains du sud du Sahara, Turcs ou Pakistanais n'ont ni les mêmes traditions, ni nécessairement les mêmes rites (ni les mêmes mosquées…). Et, en leur sein, il y a ceux qui se rattachent à une « culture musulmane » comme d'autres Français à leur culture juive, protestante ou catholique, sans plus, et toute la gamme de ceux qui pratiquent avec plus ou moins d'assiduité, plus ou moins de rigorisme. Mais il suffit de passer dans un quartier à forte composante

---

1. Au milieu de l'été 2016, Jean-Pierre Chevènement, pressenti pour diriger la Fondation de l'islam de France, a recommandé la « discrétion » aux musulmans de France dans cette « période difficile ». L'ancien ministre de l'Intérieur (et donc des Cultes) de François Mitterrand s'est attiré de vives critiques d'une partie de la communauté musulmane.

http://www.leparisien.fr/flash-actualite-politique/aux-musulmans-chevenement-conseille-la-discretion-dans-une-periode-difficile-15-08-2016-6042551.php musulmane pendant la période du ramadan pour constater que cette période de jeûne et de rituels suscite un engouement important en France, sans grand équivalent dans les autres religions.

De nombreuses études montrent aussi à quel point l'islam est d'abord devenu une identité de « compensation », selon la formule de Gilles Kepel dans son ouvrage pionnier, *Les Banlieues de l'islam. Naissance d'une religion en France*, face à la marginalisation sociale, territoriale, politique et économique. Cette thèse estime que l'islam se serait d'abord développé « en l'absence de la République, plus qu'en opposition », comblant « le vide laissé par les valeurs républicaines ». Retournant en Seine-Saint-Denis vingt-cinq ans plus tard, Gilles Kepel notera d'ailleurs une « intensification » de la pratique religieuse due au sentiment de mise à l'écart de la société.

Hakim El Karoui, l'auteur de l'étude de l'Institut Montaigne, va dans le même sens à propos des 28 % de musulmans français qui se situent en dehors des « valeurs de la République » : « Ce chiffre révèle un immense problème identitaire chez les jeunes, et l'utilisation de l'islam comme d'une identité de rupture. Rejetés par la société française, ces jeunes sont victimes de discrimination de manière constante et n'ont pas accès à l'école, ou alors à une école complètement ghettoïsée. Ils n'ont ni l'identité du pays d'origine, ni celle de la classe ouvrière… Être musulman devient une identité à part entière. On se retrouve dans une sorte d'équation maléfique : si vous voulez être vous-mêmes, il faut être musulman, et pour vous épanouir complètement, il faut être le plus fondamentaliste possible. »

À l'opposé, en présentant son enquête pour la télévision sur les «musulmans de France», le documentariste Karim Miské s'était quant à lui référé aux «réflexions sur la question juive», l'ouvrage de Jean-Paul Sartre publié en 1946, qui énonce que «le juif est un homme que les autres tiennent pour juif». Une définition restrictive, loin de faire l'unanimité, mais qui, selon Karim Miské, offre aussi une lecture possible pour une part de la communauté musulmane, celle qui est la moins empreinte de religiosité.

S'il y a incontestablement un échec relatif dans le passage de cet islam «en France» à un islam «de France», il est dans le rapport à la laïcité, notion constitutive de l'identité française depuis l'adoption de la loi de séparation de l'Église et de l'État en 1905. L'islam de France n'a pas encore véritablement trouvé sa place dans l'équilibre, construit au fil d'une histoire souvent douloureuse, entre les cultes et l'État. Et, surtout, la laïcité, mal ou pas transmise ni expliquée, est souvent vécue par les jeunes musulmans comme une autre «religion» qu'on voudrait leur imposer pour les empêcher de croire et de pratiquer la leur. Ce faisant, une partie d'entre eux se place en rupture avec une société qui, à son tour, les condamne.

Il faut dire qu'on peut parfois les comprendre, à entendre certains «radicalisés» d'une laïcité de combat, passés «de la laïcité au laïcisme», selon la formule de l'universitaire Jean-François Bayart, pour qui, s'agissant de l'islam, on voudrait aller au-delà de la loi de 1905[1].

---

1. Jean-François Bayart, «La laïcité, nouvelle religion nationale», *Mediapart*, 16 août 2016 (https://blogs.mediapart.fr/jean-francois-bayart/blog/160816/la-laicite-nouvelle-religion-nationale).

Olivier Roy, de son côté, estime que «la laïcité est devenue une idéologie politique, qui sert à exclure la religion
vers l'espace privé. Il y a désormais une "morale laïque"».
Il aura fallu les tueries de *Charlie Hebdo* et de l'Hyper
Cacher en janvier 2015, et les minutes de silence difficiles
dans certaines écoles, pour que le ministère de l'Éducation déclenche un plan d'urgence afin de tenter de faire
comprendre le sens de la laïcité aux nouvelles générations. Quel gâchis quand un concept imaginé pour paci-
fier est perçu comme une arme de guerre!

Mais l'islam, pas plus que le judaïsme, n'existe pas
en France sans s'inscrire dans des phénomènes plus
larges, travaillé par des courants profonds, sensible aux
affrontements et aux soubresauts du vaste monde. C'est
doublement le cas avec l'effervescence qui agite depuis
plus de trois décennies le monde arabo-musulman
– la révolution islamique d'Iran, la guerre antisovié-
tique d'Afghanistan, la guerre civile algérienne des
années 90, la mouvance djihadiste moyen-orientale,
le prosélytisme wahhabite, les «printemps» arabes, la
guerre civile de Syrie, le djihadisme sahélien…–, mais
aussi le conflit israélo-palestinien qui trouve une réso-
nance particulière en France.

Conflit «importé»

Ce dernier sujet est explosif, car la France abrite les
plus importantes communautés juive et musulmane
d'Europe, aux imaginaires, solidarités et histoires en
opposition frontale. J'avance sur ce territoire comme

sur un champ de mines, sur lequel le moindre faux pas peut être fatal…

Pour avoir été correspondant de *Libération* à Jérusalem, dans les années 90, au moment des accords d'Oslo qui ont représenté la seule véritable tentative de faire la paix dans cette région en un siècle d'histoire, mais ont capoté sous les assauts des extrémistes des deux camps, je sais à quel point les mots, les concepts, et surtout les représentations de l'« autre » s'opposent et rendent le dialogue difficile.

En plein processus de paix, j'avais invité à dîner chez moi, à Jérusalem, deux intellectuels ouverts et modérés, l'un israélien, l'autre palestinien. Ce dernier tenta de faire un pas en soulignant que chaque « camp » devait comprendre les cauchemars de l'autre : lui avait intégré la Shoah comme étant constitutif de l'inconscient collectif israélien, et espérait que les juifs en feraient de même pour les Palestiniens avec la Nakba (la « Catastrophe », mot désignant l'expulsion des Palestiniens en 1948, lors de la guerre d'indépendance d'Israël). Le dialogue tourna court car l'Israélien refusa de mettre les deux événements sur le même plan. Ce dîner raté a fini par incarner pour moi la paix impossible d'Oslo…

Pour des raisons qui tiennent à la fois au contexte français et à l'« importation » en France de l'imaginaire du conflit du Proche-Orient, un vent mauvais souffle entre des parties importantes des communautés juive et musulmane en France. Cet antagonisme a généré d'un côté un antisémitisme primitif d'autant plus insupportable qu'il est ignorant du contexte historique dans lequel il s'exprime, celui du continent de la Shoah et d'un pays qui a connu la rafle du Vél'd'Hiv; et de l'autre une islamophobie et un racisme de plus en plus ouvertement assumés, dont une partie des racines plongent dans la guerre d'Algérie et l'expérience traumatisante du déracinement, une autre en Israël.

Une partie des musulmans observe les juifs de France avec envie et ressentiment, estimant qu'ils ont « tout » : situation sociale, argent, solidarité communautaire, influence, et tolérance extrême du reste de la société française en raison de la mémoire de la Shoah, soigneusement entretenue. Ce regard ne tient pas compte des grandes différences sociales au sein des quelque 500 000 juifs de France, qui ne sont pas tous riches, loin s'en faut; ni du fait qu'une partie non négligeable de cette communauté ne vit justement pas en communauté! Mais il est parfaitement exact que les juifs de France ont acquis un statut enviable pour une minorité religieuse, comme en atteste le dîner annuel du CRIF (Conseil représentatif des institutions juives de France) auquel se bousculent les dirigeants politiques de tous bords. Cela ne lui donne pas une influence sans limites (si c'était le cas, la politique proche-orientale de la France n'aurait pas été la même...), mais une place dans la République à laquelle aucune autre minorité ne peut actuellement prétendre.

L'histoire de l'accession des juifs à la citoyenneté en France est d'ailleurs pertinente : Robert Badinter, l'ancien garde des Sceaux, lui-même fils d'immigrants juifs de Bessarabie (l'actuelle Moldavie), raconte dans son livre *Libres et égaux* le débat qui eut lieu à l'Assemblée constituante à partir de 1789, et qui ouvrit la voie à l'émancipation des juifs. Il rappelle la phrase célèbre de Stanislas de Clermont-Tonnerre : « Il faut refuser tout aux juifs comme nation et tout leur accorder comme citoyens », qui apparaît aujourd'hui à certains juifs « moins comme l'annonce d'une libération que comme la menace d'une destruction culturelle »... La menace de destruction n'est finalement pas venue de l'assimilation française, mais au contraire de l'occupation nazie et de la complicité de l'État français à l'époque de Vichy, comme l'a tragiquement vécu Robert Badinter, dont le père fut déporté du camp de Drancy vers le camp d'extermination de Sobibor, en Pologne, d'où il ne revint pas.

Cette longue histoire souvent malheureuse explique la place singulière des juifs en France. Il faut se souvenir de l'impact exceptionnel de la prise de position de Jacques Chirac, peu de temps après son élection à la présidence de la République, pour reconnaître la responsabilité de l'État français dans la déportation des juifs pendant la Seconde Guerre mondiale. « Ces heures noires souillent à jamais notre histoire et sont une injure à notre passé et à nos traditions. Oui, la folie criminelle de l'occupant a été secondée par des Français, par l'État français », a-t-il déclaré le 16 juillet 1995, sur les lieux de l'ancien vélodrome d'Hiver, non loin de la tour Eiffel. Ce discours reste gravé dans de nombreuses mémoires, dont celle de ma famille, mon père ayant été chassé de l'université d'Alger dans le cadre des lois antijuives de Vichy pendant la guerre.

Dans le documentaire cité plus haut, tourné dans un collège de Drancy, les réalisateurs emmènent un groupe d'élèves rencontrer une survivante du camp de cette ville de la région parisienne d'où partaient les convois de juifs déportés pendant la guerre. À ces jeunes issus de l'immigration maghrébine et subsaharienne, la rescapée raconte le camp, le train, la peur... Et elle leur adresse ce message : « Je compte sur vous pour perpétuer cette mémoire car bientôt notre génération aura disparu... » Belle tentative de passer le témoin des générations par-delà les barrières de toutes sortes, et notamment religieuse, autour de ce qui devrait être, ce qui est loin d'être le cas, un héritage commun de souffrance et de persécution.

Parmi les griefs que s'adressent juifs et musulmans, la question israélo-palestinienne n'est jamais loin. À chaque intifada ou guerre de Gaza depuis trente ans, le thermomètre communautaire remonte aussi en France : on s'affronte dans l'Hexagone à coups de drapeau israélien d'un côté, bannière palestinienne ou même drapeau noir des islamistes du Hamas de l'autre. Les cris de « Mort aux juifs ! » qui ont retenti le 13 juillet 2014 lors d'une manifestation de soutien au Hamas à Paris, pendant la « troisième guerre de Gaza », ont semé l'effroi, et pas seulement parmi les juifs, tant ce slogan semblait inconcevable dans une rue parisienne depuis Auschwitz.

Dans le procès qui est fait non seulement par les institutions juives françaises, mais aussi par des personnalités politiques de droite comme de gauche, à la frange activiste pro-palestinienne de la communauté musulmane, il est régulièrement question de l'équivalence entre antisionisme et antisémitisme, le premier étant, selon elles, le cache-sexe du second. C'est indéniablement le cas chez certains, qui ne font pas dans le détail. Mais délégitimer ainsi toute critique de la politique du gouvernement israélien vis-à-vis des Palestiniens est inacceptable. De ce point de vue, l'alignement systématique et inconditionnel du CRIF et des institutions juives sur le gouvernement israélien, comme c'est le cas globalement depuis une quinzaine d'années, contribue à faire un amalgame, entre les juifs de France et Israël. Or il est évident que de très nombreux juifs français, qui restent à l'écart du fonctionnement des institutions communautaires, ont un regard plus équilibré, plus distancié, vis-à-vis de l'État hébreu et surtout de son comportement à l'égard des Palestiniens, et préféreraient une position plus nuancée de « leurs » représentants.

Les attentats contre l'école juive de Toulouse ou contre l'Hyper Cacher de Vincennes, et bien d'autres incidents de moindre portée, ont contribué à déclencher chez de nombreux juifs de France une petite musique jamais trop enfouie, qui dit « ça recommence ». Certains en ont tiré des conclusions rapides et ont choisi d'émigrer en Israël en nombre plus important que précédemment, encouragés de surcroît par le Premier ministre israélien, Benyamin Netanyahou, qui n'a pas raté l'occasion de pousser les français juifs à l'« Alya ».

De leur côté aussi, les musulmans de France sont soumis à des émotions contradictoires, celles des pays d'origine de leurs familles, qui résonnent chez eux avec un double sentiment de nostalgie d'un passé qu'on n'a pas connu et d'un présent pas nécessairement enviable. La tolérance vis-à-vis de cette « double allégeance » française et arabe est bien moins grande que vis-à-vis des juifs qui expriment leur attachement à Israël. Mais pourquoi vouloir les priver d'une fierté et d'une double appartenance culturelle qui ne menace ni l'une ni l'autre, et, surtout, acceptée pour d'autres communautés. Pour avoir défendu la présence de drapeaux algériens place de la Bastille, le soir de la victoire de François Hollande en mai 2012, j'ai reçu des menaces de mort qui m'ont poussé à porter plainte contre X...

Islam et judaïsme sont-ils condamnés à s'opposer en terre française comme ils le font au Proche-Orient ? C'est l'un des grands enjeux de cette époque troublée, qui manque singulièrement de passeurs, de personnalités crédibles de part et d'autre qui privilégieraient la coexistence en France et non la guerre proche-orientale par procuration. L'apaisement est évidemment dans l'intérêt de tous ceux qui ont vocation à vivre côte à côte dans l'Hexagone, au-delà de leurs éventuelles solidarités partisanes lointaines qui devraient passer au second plan. Qui saura créer le cadre et le climat d'un tel rapprochement souhaitable ?

Nos failles, nos peurs

Pour l'heure, la concurrence victimaire prend le dessus, surtout avec l'irruption du terrorisme djihadiste dans nos vies. Celui-ci joue habilement de nos failles, de nos peurs, de nos malaises identitaires en s'en prenant tour à tour à des juifs, à des catholiques, à des dessinateurs anars, ou à « M. Tout-le-monde » dans des lieux improbables et selon des modes opératoires changeants. Malgré une formidable résilience de la société française depuis janvier 2015, il parvient à nous entraîner lentement, mais sûrement, là où il veut : la naissance d'un climat de méfiance entre les musulmans et le reste de la communauté nationale, avec l'espoir de voir naître un climat de guerre civile en France, pays particulièrement ciblé en raison de la taille de sa communauté musulmane, mais aussi de son histoire coloniale, de son « messianisme » laïque sans frontières, et peut-être aussi de sa fragilité évidente.

Ce piège vise tout particulièrement ceux qui sont perçus comme étant en « concurrence » directe avec l'islam, les autres communautés non musulmanes à commencer par les juifs, mais aussi les couches populaires du pays, en quête de bouc émissaire pour leurs difficultés de vie croissantes et leur pessimisme pour l'avenir de leurs enfants. Immigration, islam, terrorisme, afflux de réfugiés, chômage, banlieues, criminalité… tous les amalgames sont bons à prendre pour les inventeurs de « grands remplacements » qui n'existent que dans leurs têtes et leur permettent d'imposer progressivement un agenda très politique, jusque-là marginal. Chaque polémique justifiée ou pas, chaque concession des dirigeants politiques traditionnels qui alignent leurs programmes sur ceux de l'extrême droite, est un cadeau fait aux semeurs de haine. Nous le savons tous, mais qui arrêtera la machine infernale ? Combattre sans concession le terrorisme sans pour autant céder à la démagogie ou à la surenchère émotionnelle ou électoraliste semble trop demander dans une démocratie, surtout à l'heure des réseaux sociaux, dont les marchands de peur savent tirer le meilleur parti…

Les fidèles musulmans et chrétiens qui ont prié ensemble à Saint-Étienne-du-Rouvray après l'assassinat du père Hamel, en juillet 2016, ont néanmoins présenté une image extraordinaire à un moment particulièrement dramatique. D'autres voix musulmanes se sont fait entendre, non pas pour se justifier ou se désolidariser de meurtres qui n'ont rien à voir avec elles, mais pour montrer qu'il existe une volonté commune de préserver la cohésion nationale à un moment décisif. Le quotidien *Le Monde* a même titré, un mois plus tard, en gros caractères en première page : « Pourquoi il faut entendre les élites musulmanes de France », une première ! Tout en publiant dans ses pages intérieures une tribune de la journaliste Nadia Henni-Moulaï précisant que « le concept même d'"élite musulmane" soulève des contradictions. D'abord parce qu'il renvoie aux fantasmes accolés au groupe religieux auquel il est censé se rattacher. […] Ensuite parce que, en terre sécularisée, une élite ne s'envisage pas en termes religieux mais sociaux. Finalement, cette "élite" n'est musulmane que dans le regard de l'autre, ravivant, si l'on ose, les résidus d'un vocable colonial enfoui mais bien présent[1] ».

---

1. Nadia Henni-Moulaï, « L'élite musulmane instille un nouveau souffle dans une société française ankylosée », *Le Monde*, 16 août 2016 (http://www.lemonde.fr/idees/article/2016/08/16/l-elite-musulmane-instille-un-nouveau-souffle-dans-une-societe-francaise-ankylosee_4983415_3232.html).

Une autre image marquante, là encore inattendue, de cette période est celle de Latifa Ibn Ziaten,
cette Franco-Marocaine portant le hijab, le voile islamique, et qui est devenue une véritable « mère courage » contre la folie qui conduit de jeunes Français
vers le djihad. Latifa Ibn Ziaten est la mère d'Imad, un
militaire, maréchal des logis-chef, qui fut la première
victime de Mohamed Merah en 2012. Depuis, Latifa
Ibn Ziaten a créé une association et sillonne la France
et le monde –jusqu'à Pékin… – pour tenter de créer
un barrage contre la radicalisation. Son portrait, paru
dans *Libération,* raconte le point de départ: « Invitée par
le régiment d'Imad, quelques jours après sa mort. Elle
s'est rendue sur les lieux où il a été abattu. "J'ai vu cet
endroit triste, loin de tout. Je l'ai vu là, seul face à son
tueur. Ensuite, il fallait que je continue." Elle prend
un taxi pour la cité des Izards, où Mohamed Merah a
grandi. S'approche d'un groupe de jeunes. "Ils étaient
en train de rouler leur pétard, je n'avais jamais vu ça
avant. Ils avaient les lèvres bleues, les visages marqués,
ça se voyait que ce n'était pas des jeunes faciles. Mais
je n'ai pas eu peur. J'ai perdu un enfant, qu'est-ce qui
peut m'arriver de pire?"
« Elle leur a demandé s'ils connaissaient Mohamed
Merah. Ils lui ont répondu que c'était "un héros de l'islam". Elle leur a dit que c'était l'assassin de son enfant.
"Je les ai vus changer d'un coup. Ils sont devenus tout
doux. Ils m'ont dit: 'On est désolés.'" Elle est restée
avec eux. Les a écoutés raconter qu'ils n'étaient "rien",
qu'ils se sentaient "perdus". "Il y en a un qui m'a pris
la main: 'Madame, je n'ai pas de formation, pas de

travail, je me drogue, je sors et je rentre en prison, à quoi voulez-vous que je croie?'" Elle est repartie avec deux convictions. "Si on ne les aide pas, il y aura parmi eux un autre Mohamed Merah. Mais si on les écoute, on voit qu'ils sont autre chose[1]." »

Quand Latifa Ibn Ziaten s'est rendue à l'Assemblée nationale à l'invitation de députés lors d'une réunion d'information, elle a été prise à partie par des membres du public qui ont dénoncé son port du hijab dans l'enceinte parlementaire. De quoi s'interroger sur le réflexe pavlovien que suscite ce bout de tissu chargé de tous les maux de la République… Idem pendant la polémique sur le burkini qui a agité la France pendant l'été 2016, jusqu'à ce que le Conseil d'État dise le droit. Latifa Ibn Ziaten a exprimé sa colère : « Nous ne sommes pas Daech. Je me bats contre cela. Je porte le foulard et je me bats pour la liberté, pour le vivre-ensemble, pour mon pays et les valeurs de la République. Et la République protège tout le monde, sans distinction. Cette polémique ne sert finalement qu'à diviser les Français. » C'est avec elle et d'autres femmes comme elle, et pas contre elles, que nous pourrons un jour casser la « fabrique de Merah » que nous avons laissée se développer en France ; avec elle et avec les musulmans de France qui ont toute leur place dans une nation en paix avec sa diversité. Avec les mêmes droits et les mêmes devoirs que les autres Français, les uns ne vont pas sans les autres.

1. Ondine Millot, « Latifa Ibn Ziaten, Imad, "in memoriam" », *Libération*, 14 octobre 2012 (http://www.liberation.fr/societe/2012/10/14/latifa-ibn-ziaten-imad-in-memoriam_853169).

Après l'attentat de Nice, l'ancienne garde des Sceaux, Christiane Taubira, l'une des rares personnalités à être sorties grandies de l'exercice du pouvoir, à mes yeux du moins, a écrit sur sa page Facebook un long texte dont j'extrais ces quelques lignes de conclusion : « Certains de nos territoires ne peuvent juste continuer à servir de repoussoirs, de paradigmes de l'échec sans responsabilité ni individuelle ni publique, de défouloirs globaux, au mépris des multiples réussites et résistances à la fatalité qui s'y déploient. Si le terrain est bien celui des esprits et le champ de conquête celui du processus d'affiliation et du sentiment d'appartenance, il nous reste à y faire vivre vraiment la République. À donner consistance et constance à l'ambition d'égalité. C'est la condition à la fois de notre honnêteté sur nos valeurs, et de la sécurité de nos enfants. Ceux qui font commerce de la peur, de l'angoisse, de la douleur d'autrui et vocifèrent sans respect des larmes, la "clique sinistre des chercheurs de basses flatteries" qui privilégient leurs intérêts partisans ou leur impatience à s'emparer du pouvoir d'État, continueront d'éructer. Nous, nous savons qu'une société d'exclusion et de rejet n'est qu'une immense et sordide promesse de malheurs.

« "La liberté et l'égalité s'impliquent l'une l'autre", démontrait Cornelius Castoriadis. C'est pourquoi il nous apparaît urgent d'œuvrer au retour du Politique, cet espace où les intelligences et les énergies se confrontent et créent ensemble les en-commun possibles[1]. »

---

1. Christiane Taubira, le 23 juillet 2016 (https://www.facebook.com/ChristianeTaubira/posts/1126424190764062).

C'est l'élément manquant de tous les programmes politiques aujourd'hui. Et si on commençait par panser nos plaies sociales, nos fractures géographiques, humaines, communautaires au sens noble du terme, avant d'agiter le dangereux chiffon identitaire?

8

Dans la tête de l'autre

Une anecdote m'avait beaucoup (et cruellement) amusé alors que j'étais correspondant en Afrique du Sud encore sous le joug de l'apartheid. Je l'avais racontée dans mon livre *L'Afrique blanche* : « Difficile d'imaginer, lorsqu'on est blanc, à quel point la couleur de la peau détermine toute votre vie. À la fin des années 70, une Blanche du Cap, Rita Hoefling, en fit la douloureuse expérience. Un traitement médical provoque, chez cette habitante du quartier chic de Sea Point, un assombrissement progressif de la peau, au point d'en être confondue avec une Métisse. Sa vie en est bouleversée : son mari et son fils la quittent, par embarras, "comme si j'avais la lèpre", dit-elle ; dans les bus "pour Blancs" on l'empêche de monter ; dans les restaurants on refuse de la servir... Elle découvre, l'espace de sa maladie, les affres de la discrimination, au point de raconter son histoire aux journalistes : "Je connais maintenant l'apartheid sous son pire aspect", déclare Rita

Hoefling, exauçant le rêve secret de nombreux Noirs : voir les Blancs passer de "l'autre côté" de la barrière raciale, pour comprendre… »

Des années après, le réalisateur Étienne Chatiliez a imaginé un scénario similaire pour son film *Agathe Cléry*, une comédie dans laquelle Valérie Lemercier, une directrice marketing un peu raciste sur les bords, devient noire… Dans la peau d'un autre pour raconter, témoigner, c'est la technique suivie dans les années 80 par le journaliste d'investigation allemand Günter Wallraff pour son livre devenu une référence, *Tête de Turc*, dans lequel il décrit les quelques mois pendant lesquels il s'est fait passer pour un immigré turc dans la société allemande. La journaliste du *Monde*, Florence Aubenas, fera pareil en France des années après, en devenant six mois femme de ménage sur des ferries dans son livre *Le Quai de Ouistreham*, un succès de librairie qui attire l'attention sur les « invisibles », ces précaires que personne ne voit, n'entend.

Parfois, pour « traverser le miroir », il suffit de lire les « autres ». Lors d'un voyage au Vietnam, j'ai acheté pour trois sous à un vendeur ambulant un roman en anglais, mal imprimé, mal relié, un récit de la guerre du Vietnam écrit par un auteur du Nord. Cette lecture représente un choc car si nos sympathies de jeunesse allaient assurément à ces « David » vietnamiens face au « Goliath » américain, nos esprits furent incontestablement façonnés par la vision du cinéma américain sur la guerre du Vietnam. Ce roman acheté dans la rue, c'est *Le Chagrin de la guerre*, de Bao Ninh, un livre que Jean-Claude Pomonti, dans *Le Monde*, associe à une tentative d'exorcisme de l'histoire douloureuse du Vietnam au XXᵉ siècle.

Bao Ninh parle de son personnage, son double : « Nous nous sommes rencontrés un jour, sur les chemins de la guerre. Ensemble, nous nous sommes traînés dans les poussières rouges, dans la boue, une mitraillette pendue à l'épaule, une sacoche au dos. Nous marchions pieds nus. Comme lui, comme tous les simples soldats de cette guerre américano-vietnamienne, nous avons partagé le même sort, les moments de gloire et de vicissitude, les victoires, les défaites, le bonheur, la douleur, la mort, la survie. Mais chacun de nous a été broyé d'une manière différente. » L'« autre côté » n'a pas eu les moyens et l'impact d'un Michael Cimino (*Voyage au bout de l'enfer*) ou d'un Francis Ford Coppola (*Apocalypse Now*), mais il a produit aussi son récit et exprimé sa part d'humanité qui a eu du mal à parvenir jusqu'à nous. Comment comprendre un conflit si on n'essaie pas de se glisser dans la tête de l'« ennemi » pour saisir ses références, ses raisonnements, ses sentiments, pour y découvrir, aussi, les points d'entente possibles ? Hier comme aujourd'hui.

L'histoire est écrite par les vainqueurs

Cette démarche est encore plus rare, plus difficile aussi, lorsqu'on remonte dans le temps. On le sait, l'histoire est écrite par les vainqueurs : les récits historiques d'il y a plus de deux mille ans que nous ont laissés le Chinois Sima Qian ou le Romain de confession juive

Flavius Josèphe, ne laissent que peu de place à la parole du vaincu ; et, pour avoir déplu à son empereur, Sima Qian fut castré…

En 2012, l'essayiste Pankaj Mishra a publié un livre fascinant (hélas non traduit en français), *From the Ruins of Empire*, qui raconte l'histoire de la fin du XIXᵉ et du début du XXᵉ siècle, lorsque s'instaurent, de manière durable, les rapports de force entre les puissances coloniales et les pays dominés. Pankaj Mishra relate cette page d'histoire à travers le regard de deux «activistes» asiatiques, écrit-il avec un mot actuel : le premier est Djemal al-Din «al-Afghani» (1838-1897), un intellectuel d'origine persane (et non afghane malgré son surnom), resté dans l'histoire comme l'un des penseurs de l'islam politique moderne ; le second est chinois, Liang Qichao (1873-1929), un des intellectuels actifs à la fin de l'empire Qing, lorsque la Chine cherchait sa voie vers la modernité.

On y croise aussi le poète indien Rabindranath Tagore (1861-1941) ; le penseur iranien Ali Shariati (1933-1977), ancien étudiant à Paris où il fréquenta Frantz Fanon, Jean-Paul Sartre…, avant de mourir assassiné au Royaume-Uni deux ans avant la révolution iranienne ; l'Égyptien Sayyid Qutb (1906-1966), penseur radical de l'islam exécuté par le président Gamal Abdel Nasser ; ou encore le Mahatma Gandhi (1869-1948), le père de la non-violence et de l'indépendance de l'Inde, lui aussi mort assassiné comme plusieurs des «héros» de ce récit.

Pankaj Mishra place en exergue de son passionnant voyage intellectuel et historique cette phrase visionnaire du philosophe Raymond Aron, qui écrivait en 1969 : « Les Européens voudraient sortir de l'histoire, de la Grande histoire, celle qui s'écrit en lettres de sang. D'autres, par centaines de millions, y entrent. » Visiter le monde dans la tête des représentants de ces millions d'« autres » constitue une expérience déconcertante, comme si on parcourait des paysages familiers avec un autre regard.

C'est ce que Pankaj Mishra explique dès les premières lignes : « Les pionniers de l'Asie moderne que je décris ont abondamment écrit et voyagé, évaluant sans cesse les mérites de leurs propres sociétés, la corruption du pouvoir, l'effondrement de communautés, la perte de légitimité politique et les tentations de l'Occident. Leur quête passionnée apparaît rétrospectivement comme une continuité, reliant des événements en apparence déconnectés dans une mise en réseau signifiante. Tout en décrivant l'atmosphère générale, politique et intellectuelle de la fin du XIXe et du début du XXe siècle, j'espère avant tout recréer leurs errances dans les contre-allées de l'histoire et de la pensée. Car ces hommes, même s'ils sont relativement peu connus, ont contribué à faire le monde dans lequel nous vivons, pour le meilleur et pour le pire. »

Le voyage démarre le 5 mai 1798, lorsque Napoléon Bonaparte rejoint son armée de 40 000 soldats, mais aussi savants, philosophes, astronomes, architectes, qui s'apprêtent à débarquer en Égypte, le premier contact important, note Pankaj Mishra, entre une Europe en voie de modernisation et l'Asie. En quelques décennies, malgré leurs rivalités, les Européens parviennent à s'imposer aux quatre coins du monde, des confins de l'Empire chinois au cap de Bonne-Espérance, grâce à leur supériorité du moment.

C'est dans cette époque des Lumières pour les uns, du colonialisme pour les autres, que Djemal al-Din, dit « al-Afghani », voit le jour en Perse, en 1838. Il sera tour à tour, et parfois simultanément, poète, journaliste, prophète, conseiller, agitateur ; la cartographie de ses voyages établie par un géohistorien français, Vincent Capdepuy, montre un impressionnant zig-zag planétaire, de Paris et Londres à l'ouest, jusqu'à Calcutta à l'est, en passant par Saint-Pétersbourg au nord, Le Caire et La Mecque au sud, un aller-retour entre Orient et Occident exceptionnel pour l'époque.

Pour avoir vu les Britanniques à l'œuvre en Inde, notamment lors de la répression d'une révolte en 1857, il développe un profond sentiment anticolonial, cherchant les voies et moyens de réformer le monde musulman pour lui donner la capacité de résister. Il est repéré pour la première fois par les services de renseignements britanniques en 1868 en Afghanistan, qui le décrivent comme un agitateur antibritannique et un agent russe !

Il s'amusera de son identité multiple dans un poème ironique : « Les Anglais me croient russe ; les musulmans me pensent zoroastrien ; les sunnites me croient chiite ; et les chiites voient en moi un ennemi d'Ali ; [...] Banni de la mosquée et rejeté par le temple, je suis partagé sur le point de savoir qui sont mes amis, et qui je dois combattre... »

Expulsé d'Afghanistan, il se retrouve à Istanbul, capitale d'un Empire musulman trop fasciné par l'Occident à ses yeux, un bon siècle avant la candidature de la Turquie à l'Union européenne... Chassé d'Istanbul, il déménage au Caire, où on le décrit comme... franc-maçon, et conseiller du gouvernement sur les questions d'éducation ! Mais al-Afghani reste un activiste, un rebelle, contre toutes les formes d'autorité, y compris religieuses. Pankaj Mishra note que « même si ça peut sembler étrange à des oreilles modernes, al-Afghani refusait de considérer la charia du prophète Mahomet comme immuable, et estimait qu'elle pouvait être réformée par les philosophes ». Il se voyait ainsi en réformateur de l'islam, à la manière d'un Luther dans le christianisme. Mais il fut dénoncé comme « athée » par les imams d'al-Azhar et dut se réfugier dans le vieux quartier... juif du Caire. Là encore, ce sont les Anglais qui s'inquiètent de son activisme, et obtiennent son expulsion d'Égypte.

En janvier 1883, al-Afghani arrive à Paris, où ses activités habituelles – rencontrer les nombreux exilés du monde musulman ou publier un journal panislamique dans un petit bureau dans le quartier de la Madeleine – amènent les autorités britanniques à demander à la police française de le surveiller... Mais on prête aussi à l'élégant Iranien une aventure avec une Allemande, et des échanges avec le monde parisien.

« L'illustre M. Renan »

Pankaj Mishra relate en détail un épisode incroyable, resté célèbre chez les historiens, mais totalement inconnu du grand public d'aujourd'hui : un dialogue tout à fait cordial, en 1883, entre cet intellectuel islamique que l'on qualifierait aujourd'hui de « radical », et l'écrivain Ernest Renan, ancien séminariste, intellectuel prestigieux – et sulfureux – de son époque, auteur d'une *Histoire des origines du christianisme* qui souleva la colère de l'Église. « C'était le premier débat public entre un musulman et un intellectuel européen, et qui préfigurait de très nombreuses discussions, bien plus tard, sur la place de l'islam dans le monde moderne », souligne l'auteur. Un peu comme si, aujourd'hui, Tariq Ramadan avait un dialogue aimable avec Alain Finkielkraut...

Le dialogue Renan-al-Afghani fut épistolaire, dans les pages du *Journal des débats*, un magazine dont les origines remontent à 1789. Le point de départ ne permet pourtant pas d'imaginer un échange possible... Ernest Renan, dans une conférence sur « l'islam et les sciences » dont le *Journal des débats* reproduit le texte, s'en prend à la religion musulmane en des termes d'une violence inouïe, même pour l'époque, et tout empreinte d'arrogance occidentale : « Toute personne un peu instruite des choses de notre temps voit clairement l'infériorité actuelle des pays musulmans, la décadence des États gouvernés par l'islam, la nullité intellectuelle des races qui tiennent uniquement de cette religion leur culture et leur éducation. Tous ceux qui ont été en Orient ou en Afrique sont frappés de ce qu'a de fatalement borné l'esprit d'un vrai croyant, de cette espèce de cercle de fer qui entoure sa tête, la rend absolument fermée à la science ; incapable de rien apprendre ni de s'ouvrir à aucune idée nouvelle. À partir de son initiation reli-gieuse, vers l'âge de dix ou douze ans, l'enfant musul-man, jusque-là quelquefois assez éveillé, devient tout à coup fanatique, plein d'une sotte fierté de posséder ce qu'il croit la vérité absolue, heureux comme d'un pri-vilège de ce qui fait son infériorité. Ce fol orgueil est le vice radical du musulman. L'apparente simplicité de son culte lui inspire un mépris peu justifié pour les autres religions. »

Al-Afghani ne se laisse pas démonter par ce long texte qui commence aussi mal, et continue en expli-quant que l'islam est incompatible avec les sciences. Le penseur iranien parvient même, se sachant en territoire « ennemi », à complimenter « l'illustre M. Renan, dont la renommée a rempli tout l'Occident et pénétré dans les pays les plus éloignés de l'Orient ». Avant de plaider pour la tolérance : « S'il est vrai que la religion musul-mane soit un obstacle au développement des sciences, peut-on affirmer que cet obstacle ne disparaîtra pas un jour ? En quoi la religion musulmane diffère-t-elle sur ce point des autres religions ? Toutes les religions sont intolérantes, chacune à sa manière. La religion chré-tienne, je veux dire la société qui suit ses inspirations et ses enseignements et qu'elle a formée à son image, est sortie de la première période à laquelle je viens de faire allusion et, désormais libre et indépendante, elle semble avancer rapidement dans la voie du progrès et des sciences, tandis que la société musulmane ne s'est pas encore affranchie de la tutelle de la religion.

« En songeant toutefois que la religion chrétienne a précédé de plusieurs siècles dans le monde la religion musulmane, je ne peux pas m'empêcher d'espérer que la société mahométane arrivera un jour à briser ses liens et à marcher résolument dans la voie de la civilisation à l'instar de la société occidentale pour laquelle la foi chrétienne, malgré ses rigueurs et son intolérance, n'a point été un obstacle invincible. Non, je ne peux admettre que cette espérance soit enlevée à l'Islam.

« Je plaide ici auprès de M. Renan, non la cause de la religion musulmane, mais celle de plusieurs centaines de millions d'hommes qui seraient ainsi condamnés à vivre dans la barbarie et l'ignorance. » Ernest Renan lui répondra à son tour, soulignant au passage que « peu de personnes ont produit sur moi une plus vive impression » que Djemal al-Din « al-Afghani »[1].

Il y a donc un peu plus de cent trente ans, dans la France de la fin du XIXᵉ siècle, un intellectuel français pouvait, certes avec les mots et les concepts de l'époque, échanger aimablement dans une grande revue avec un intellectuel musulman activement engagé contre le colonialisme européen. L'histoire qui nous est enseignée, même au XXIᵉ siècle, est plus souvent celle des conquêtes et des batailles que celle qui prend en compte le point de vue de l'« autre ». C'est l'exercice auquel nous invite Pankaj Mishra, et il est salutaire.

Une dernière anecdote tirée de ce livre précieux. Jean-Pierre Filiu, l'excellent spécialiste du monde arabe et de l'islam, évoque dans son ouvrage *Les Arabes,*

---

1. Le texte intégral de cet échange peut être consulté en ligne sur le blog histoireglobale.com (http://blogs.histoireglobale.com/wp-content/uploads/2011/10/Renan-al-Afghani.pdf).

leur destin et le nôtre, cette proclamation de Bonaparte à son arrivée à Alexandrie, à la tête de son expédition militaro-scientifique : « Égyptiens, on vous dira que je viens pour détruire votre religion. C'est un mensonge, ne le croyez pas ! Répondez que je viens restituer vos droits, punir vos usurpateurs. Que je respecte, plus que les Mamelouks, Dieu, son prophète Mohamed et le glorieux Coran. » Pankaj Mishra raconte la suite. À un dignitaire musulman qui lui dit : « Si vous voulez que les Arabes musulmans marchent derrière votre drapeau, devenez musulman ! » Bonaparte aurait répondu : « Il y a deux obstacles qui nous empêchent, mon armée et moi, de nous convertir à l'islam. Le premier est la circoncision, et le second est le vin. Mes soldats ont cette habitude depuis leur enfance et je ne pense pas être capable de les convaincre d'y renoncer… »

On connaît la difficulté rencontrée par des historiens de différentes nationalités qui ont tenté de raconter une histoire commune de l'Europe. Napoléon est un des grands hommes de l'histoire de France, apprennent les petits Français ; alors que les Anglais du même âge le mettent dans le même panier que Hitler… Comment réconcilier ces récits nationaux contradictoires ? Les historiens y sont parvenus, non sans mal, et sans vraiment convaincre. Patrick Boucheron, historien et titulaire au Collège de France de la chaire d'histoire des pouvoirs en Europe occidentale, fait observer pertinemment que, dans la pédagogie allemande, le « nous » national est banni. « On ne dira pas : "Nous, les Allemands, nous avons combattu les Français dans la guerre de 1870", car la Prusse de Bismarck n'est pas le "nous" allemand d'aujourd'hui. Alors qu'en France, entre la IIIe République et aujourd'hui, on postule une continuité qui empêche justement une approche critique citoyenne, la seule susceptible de créer d'authentiques valeurs[1]. »

S'il y a un pays où il est urgent de réconcilier les mémoires, ou du moins d'essayer de leur permettre de vivre en paix, c'est bien… la France ! Des historiens français engagés dans les débats majeurs de notre société attirent l'attention, depuis des années, sur l'importance de la « fracture coloniale » persistante dans le malaise français de notre époque.

« C'est quoi le récit national ? »

Dans *Ce vain combat que tu livres au monde*[2], l'un des nombreux romans de la rentrée 2016 qui, signe des temps, prennent la question de l'identité comme sujet ou toile de fond, Fouad Laroui, lui-même maroco-néerlandais, né à Oujda (Maroc) et vivant à Amsterdam, d'expression française et néerlandaise, c'est-à-dire un résumé de notre époque, imagine un dialogue savoureux entre deux de ses personnages, Ali et Hamid, dans le XIe arrondissement parisien ; je ne peux pas m'empêcher de le reproduire pour partie :

---

1. Éric Aeschimann, « Il faut dépayser l'histoire de France », entretien avec Patrick Boucheron, *L'Obs*, 7 juillet 2016.
2. Fouad Laroui, *Ce vain combat que tu livres au monde*, Julliard, 2016.

« Ali : Je ne sais pas. Ça ne va pas très bien en ce moment. J'ai l'impression d'être devenu étranger… enfin de plus en plus… Je ne sais pas comment dire.

Hamid : Mais tu es étranger, ici ! C'est un fait, c'est indéniable. Moi aussi, d'ailleurs. On n'est pas les enfants de la mère Michu. Ça n'empêche pas de vivre. Il faut imaginer l'étranger heureux…

— Oui, mais je ne l'ai jamais autant ressenti… Je n'ai jamais éprouvé un sentiment aussi fort…

Hamid hocha la tête.

— Voici une question cruciale : quand est-on vraiment étranger dans un pays ?

Ali le regarda sans répondre, l'air interrogateur.

— Eh bien, continua Hamid, c'est quand on ne fait pas partie du récit national.

— C'est quoi le récit national ?

Le professeur se tut un instant, puis il reprit :

— Tu sais qu'il y a eu, il y a quelques mois, un colloque d'historiens à la Sorbonne organisé par notre chère Najat, la ministre ? Ils devaient réfléchir à la question suivante : "L'histoire est-elle une science sociale, un récit ou un roman national ?" Intéressant, non ?

— Je ne sais pas. Je ne te suis pas. Je suis assez fatigué, en fait.

— Le roman national, pour résumer, c'est Ernest Lavisse… Tu vois qui c'est ?

— Vaguement, je connais le nom.

— Lavisse a écrit une sorte de roman, avec des milliers de personnages mais dont "la France" est le véritable protagoniste, des Gaulois à la République, en passant par l'Ancien Régime… Saint Louis, Henri IV, Richelieu, Louis XIV, hein, tu vois ce que je veux dire?

Il alla farfouiller dans sa bibliothèque, en revint avec deux livres posés l'un sur l'autre dans sa main gauche et qu'il ouvrit tous les deux en même temps de la main droite, comme s'il faisait un numéro d'équilibriste au milieu de son salon. Les deux tomes étaient entrelardés de Post-it multicolores.

— Écoute ça, c'est du Lavisse: "Retenez bien le nom de Vercingétorix, qui a combattu pour défendre sa patrie." C'est ainsi que Vercingétorix est, comment dire… institué personnage essentiel du roman.

Il tourna quelques pages:

— "La France a le droit d'être fière de ses conquêtes […]. Les Français ont créé en Algérie des écoles où les petits Arabes sont instruits avec les petits Français." Là, c'est Lavisse qui justifie le colonialisme.

Le numéro d'équilibriste continua, les doigts de Hamid voletant de Post-it en Post-it.

— "Tu dois aimer la France, parce que la Nature l'a faite belle, et parce que l'Histoire l'a faite grande." Jolie formule… Il a raison, d'ailleurs, le bougre: la France est l'un des plus beaux pays du monde, et son histoire, ce n'est pas rien. Les Lumières, la Révolution, la Déclaration des droits de l'homme et du citoyen quand même…

Hamid posa les deux livres sur le canapé et se jucha de nouveau, à califourchon, sur sa chaise.

— Il y a donc un roman national, écrit par Lavisse ou par un autre, peu importe, et la question est de savoir si tu t'y reconnais ou non. Si la réponse est non, alors tu es un étranger.

Ali restait silencieux. Hamid continua.

– De toute façon, pour toi et moi, tout cela n'a pas trop d'importance. On peut se rattacher à un autre roman national. Le vrai problème, ce sont les p'tits gars de banlieue, les petits Rachid, Mamadou et Fatima, qui sont nés et ont grandi ici... Ils n'ont pas le choix, eux. S'ils ne se reconnaissent pas dans le roman national, ils sont où, ils sont qui ? »

« Gaulois », répond sans rire Nicolas Sarkozy à l'automne 2016, s'attirant les railleries d'une partie de l'opinion. Cette question ne s'est pas posée dans les mêmes termes pour les précédentes vagues d'immigration en France et leurs descendances, allemande, italienne, polonaise, juive d'Europe centrale et orientale, portugaise et espagnole. Même si ces populations furent victimes d'un racisme décomplexé – il faut lire la presse du début du XXe siècle sur les « ritals », quand il n'y avait pas encore de loi antiraciste... –, aucune d'entre elles n'avait de lien colonial avec la France.

L'un des historiens les plus engagés sur ce sujet est Benjamin Stora, juif né en Algérie, spécialiste de l'histoire de ce pays, bâtisseur de passerelles entre les deux rives de la Méditerranée, nommé par François Hollande à la tête de la Cité de l'immigration, dans le bâtiment sentant bon la France coloniale conquérante, porte Dorée à Paris. Dans un petit livre d'entretiens paru en 2007, qui semble faire écho par avance aux personnages du roman de Fouad Laroui, il se dit clairement « partisan d'intégrer les nouvelles histoires dans la mémoire républicaine, pour l'enrichir. Il faut arriver à un récit national qui intègre le vécu, la douleur, les pratiques religieuses différentes des uns et des autres. Adapter le discours républicain, tenir compte des diversités mais en restant ferme sur les principes d'égalité, et ne pas sombrer dans le communautarisme qui est bien souvent une forme d'exaltation des différences, en particulier religieuses. Comment intégrer toutes les mémoires dans la République et faire en sorte qu'on ne nie pas les histoires et les souffrances particulières ? Voilà la question qui est posée aujourd'hui. Mais il faut continuer à défendre la République sous la forme de l'égalité pour tous, au-delà du nationalisme ethnique ou racial ».

Benjamin Stora tenait ces propos il y a dix ans. Force est de constater qu'il y a eu, depuis, non seulement une décennie perdue, mais surtout une régression intellectuelle, un refus croissant de prendre en considération l'« autre » dans la société française. La progression du Front national, prospérant sur les fractures sociales et identitaires non résolues, et sur l'incapacité du système politique à produire des résultats tangibles, y est pour beaucoup. Et avec elle la « contamination » des esprits, à droite assurément, mais aussi dans une partie de la gauche qui croit pouvoir reconquérir le vote populaire qui l'a désertée en agitant la fibre identitaire et une laïcité érigée en nouvelle religion tout aussi intolérante que les autres. En face, lui répond un pas de côté « communautaire », une affirmation plus forte de cette identité religieuse qui tient lieu de citoyenneté face à une société jugée hostile, et un refus de cette laïcité jugée excluante. Le malentendu est total, et explosif.

D'ailleurs, près de dix ans après ce livre d'entretiens, Benjamin Stora publiait un nouveau livre, *Les Mémoires dangereuses*, un échange avec Alexis Jenni, l'auteur «goncourisé» de *L'Art français de la guerre*, prenant acte de l'impasse persistante et appelant précisément à un «agrandissement de l'histoire». Pour Stora, «cet "agrandissement de l'histoire" est d'autant plus nécessaire que nous assistons aujourd'hui à une forme de cloisonnement inédit des mémoires, qui prend la forme de la communautarisation du souvenir». Avec ce constat inquiétant: «Désormais, les différents groupes de mémoires n'adressent plus leur demande d'intégration à l'histoire à l'État, mais la revendication se fait dans une concurrence victimaire par rapport aux autres communautés.»

Il n'est pas indifférent que les historiens soient en première ligne dans cette «guerre des mémoires», lorsque les lobbies communautaires, politiques, idéologiques, religieux, tentent de manipuler l'histoire à leur profit; en la réécrivant, en l'utilisant pour dresser des Français contre d'autres Français, ou pour entraîner le monde vers un «choc des civilisations» dont ils voudraient faire une prophétie auto-réalisatrice, voire une «guerre civile», deux mots qui reviennent hanter la France de 2017.

Identité nationale... ou humaine ?

Un modeste antidote consiste à tenter de comprendre le monde dans la tête de cet «autre» dont il est question depuis le début de ce livre. C'est ce que, de manière plus scientifique, l'historien Patrick Boucheron, dans sa remarquable conférence inaugurale au Collège de France, le 17 décembre 2015, un mois à peine après les attentats de Paris, appelle « dépayser l'Europe » : « Celle-ci n'a cessé de décrire le monde en faisant l'inventaire de ce qui lui manque. Mais quel est le manque de l'Europe dans un monde d'empires ? Où se trouve le cours aberrant de son devenir ? En inversant la charge de la familiarité et de l'étrangeté, on contribue à désorienter les certitudes les plus innocemment inaperçues. »

Comment, dans ce contexte, ne pas invoquer aussi la figure d'Edward Saïd, ce Palestinien de Jérusalem devenu professeur de littérature comparée à l'université de Columbia jusqu'à sa mort en 2003, et qui, avec son livre, *L'Orientalisme,* a modifié une fois pour toutes, en ce qui me concerne, la manière dont j'ai regardé le monde. Dans la préface à l'édition française de son livre, parue en 1980, il évoque la « construction » des identités en des termes d'une actualité évidente : « Le développement et le maintien de toute culture requièrent l'existence d'une autre culture, différente, en compétition avec un alter ego. La construction d'une identité, qu'il s'agisse de l'Orient ou de l'Occident, de la France ou de la Grande-Bretagne, tout en étant le résultat d'expériences collectives distinctes, se réduit finalement à mon avis à l'élaboration d'oppositions et de différences avec "nous" qui restent sujettes à une continuelle interprétation et réinterprétation. Chaque époque, et chaque société, recrée ses propres "autres". Loin d'être un concept statique, notre identité ou celle de l'"autre" résultent d'un processus historique, social, intellectuel et politique très élaboré qui se présente comme un conflit impliquant les individus et les institutions dans toutes les sociétés. […] Ce qui rend difficile à accepter toutes ces réalités aussi fluides qu'extraordinairement riches, c'est que la plupart des gens répugnent à admettre la notion qui les sous-tend : c'est-à-dire que l'identité humaine est non seulement ni naturelle ni stable, mais résulte d'une construction intellectuelle, quand elle n'est pas inventée de toutes pièces. »

On peut décider d'exclure l'« autre », de le forcer à accepter un « récit » ou plutôt « roman » national unique (« nos ancêtres les Gaulois »), au risque de déchirer irrémédiablement le tissu social du pays ; on peut aussi tenter, comme le suggère l'historien Nicolas Offenstadt, de « faire coexister cette pluralité de récits », afin d'inclure au lieu d'exclure, de revenir à une citoyenneté pleine et entière dans laquelle tous se reconnaîtraient. La deuxième voie est assurément complexe dans le contexte actuel ; mais, même fragilisée, la France peut-elle réellement choisir la première option sans issue ?

CONCLUSION

C'était en juin 2015, dans les sous-sols du Collège des Bernardins, le magnifique centre de conférences et de rencontres datant du xiiie siècle, situé en bordure du Quartier latin de Paris. Bernard Stiegler, le philosophe au parcours si atypique – ancien communiste, ex-taulard pour braquage qui commence en prison des études de philo suivies d'une thèse sous la direction de Jacques Derrida –, vient d'achever une présentation sombre sur l'inadaptation des politiques publiques, en France et en Europe, face à l'impact du numérique sur l'emploi. À la fin de la rencontre, qui conclut un séminaire que j'ai suivi tout au long de l'année, personne ne veut partir... Une discussion débute entre les participants, tous engagés d'une manière ou d'une autre dans le monde numérique.

Quelque temps après, Y., une des participantes à cette discussion, envoie un mail à son « réseau », les membres du séminaire et ses amis, collègues, relations… Elle confie sa frustration d'avoir laissé la conversation des Bernardins sans suite, et propose de se revoir. Cela devient vite une invitation formelle, dès la mi-septembre, dans un espace de coworking près de la Bastille, « suite à une intervention décoiffante en juin de Bernard Stiegler au séminaire d'Éric Scherer : mettre en commun notre énergie, nos parcours différents, nos réseaux, nos envies d'agir et de changer les choses et créer un think tank (et "do tank" pour surfer sur quelques buzz words du moment) dédié à la réinvention des politiques publiques en France et en Europe, et, plus généralement à l'identification ou à l'invention de nouvelles modalités de la puissance publique dans le monde d'aujourd'hui, un monde où trois grandes disruptions sont à l'œuvre et qu'il faut impérativement prendre le temps de "penser". Pour action ».

Pendant plusieurs mois, des dizaines de personnes ont consacré certaines de leurs soirées à discuter avec des gens qui leur étaient inconnus la veille, certains revenant et d'autres pas, remplacés par des nouveaux qui venaient tester… L'ordre du jour était vaste – réinventer la puissance publique, rien que ça –, la parole libre, et chacun apportant son « bagage » personnel, son expertise, sa passion, ses propres frustrations. Le plus étonnant, dans cette expérience qui a tourné court, c'est que des hommes et des femmes, pour la plupart trentenaires ou quadra avec quelques exceptions plus âgées (dont je faisais partie), actifs dans la recherche, l'industrie, l'enseignement, la presse, le numérique ou la fonction publique, ont consacré du temps à un

processus dont personne ne savait sur quoi il débouche-
rait ou ce qu'on en attendait vraiment. Le moteur était
le besoin d'échanger, de tester, de chercher les voies et
moyens d'un renouveau, de tenter quelque chose pour
sortir de la nasse actuelle.

Les participants à ce groupe informel constituent la
cible de rêve pour un parti politique en quête d'expertise et de « sang neuf ». Mais à aucun moment il ne leur
est venu à l'esprit de se chercher des convergences avec
un parti existant ou une « tête d'affiche » politique. Les
partis n'existaient pas – ou plus – dans nos discussions
entre citoyens ressentant le besoin d'agir et de penser
collectivement.

Cette expérience a échoué ; d'autres se déroulent ailleurs, en quête de renouvellement des pratiques politiques, tirant les leçons des échecs dans l'exercice du
pouvoir, dans la place du citoyen lassé de ne donner
son avis que tous les cinq ans pour être ensuite ignoré.
Certains cherchent par l'outil numérique – les « civic
techs » – à changer le mode de désignation ou d'action
des élus, ou parlent de tirage au sort des parlemen-
taires à la manière des jurés d'assises ; d'autres tentent,
vainement jusqu'ici, de créer de nouvelles formes d'action politique ; certains réfléchissent au sens des « communs », cette notion qui désigne des biens dont tout le
monde a la jouissance sans en détenir la propriété, et
qui a failli se retrouver dans une loi de la République
mais en a été retirée faute de courage politique[1] ;

---

1. Les biens communs devaient figurer dans la loi numérique défen-
due début 2016 par Axelle Lemaire, la secrétaire d'État au Numérique,

d'autres encore – à droite comme à gauche – rêvent d'un revenu universel de base, sans conditions de ressources ni obligation de travail, en réponse aux progrès de l'automatisation ; ou encore parlent de décroissance économique dans un monde qui épuise ses ressources... Il a d'ailleurs été peu question d'écologie ici, tant le diagnostic est connu et fait largement consensus, même si nous fuyons devant le passage à l'acte qu'il implique. L'écologie politique, qu'incarna un temps, Daniel Cohn-Bendit pour ma génération qui se reconnaissait en lui, s'est fracassée sur le mur de la politique politicienne, et reste une utopie salutaire à réinventer. Mais cela fait partie de l'expérimentation indispensable, et, logiquement, jalonnée d'échecs.

Bernard Stiegler, l'homme qui avait « allumé » ce désir de se rencontrer chez les participants au séminaire des Bernardins, lance lui-même, avec son association Ars Industrialis, et avec l'Institut de recherche et d'innovation (IRI) qu'il a créé au sein du Centre Georges-Pompidou, un projet expérimental à Plaine Commune, la communauté d'agglomérations qui regroupe une dizaine de villes de Seine-Saint-Denis, aux portes de Paris, dans ce département emblématique du « 9-3 ». Il s'agit d'étudier en grandeur nature les « possibilités de développement d'une économie contributive territoriale », en ayant recours à la technologie et à de nouvelles pratiques sociales et économiques. Le philosophe entend créer un revenu contributif, versé

---

mais en ont été retirés à la suite d'un arbitrage de Matignon qui craignait d'effrayer certains secteurs économiques.

à de très jeunes habitants de Plaine Commune, pour les encourager à s'emparer des offres en termes de formation, sorte d'extension du statut d'intermittent du spectacle à toute la société ; créer une caisse de crédit contributif pour permettre aux habitants d'emprunter en échange de leur propre contribution ; et même, c'est utopique et ambitieux, « fabriquer un nouveau Web, un Web qui crée du savoir, un Web qui remplisse les promesses politiques et intellectuelles de ce qu'il était au départ ».

Les dispositifs prévus « devront permettre la constitution d'une intelligence collective locale, en articulant les activités de recherche avec la vie administrative, économique et citoyenne du territoire, et y intégrant évidemment le contexte nouveau des données ouvertes ». Une utopie ? Oui, mais « pour faire de la politique, il faut rêver », répond le philosophe dans son dernier livre…

Je ne sais pas si le monde sera sauvé par Bernard Stiegler et ses « disciples », par ceux qui tentent de réinventer la démocratie par le numérique, par ceux qui changent le modèle de production agricole mortifère, par ceux qui inventent un avenir sans carbone, ou par les pays qui testent le revenu de base universel, ou encore par les milliers de jeunes qui montent leurs start-up dans les espaces de coworking… Ce que je pressens, c'est que si on ne cherche pas, si on n'expérimente pas de nouvelles pistes, si on n'ouvre pas les portes et les fenêtres sur nos voisins et sur le monde, nous nous condamnons à mourir à petit feu. Et nous risquons de nous réveiller trop tard. C'est d'abord d'un changement d'état d'esprit vis-à-vis du futur, retrouver l'envie et les raisons d'«y croire», dont la France a un besoin urgent.

Vous l'aurez peut-être remarqué, chaque chapitre de ce livre se termine sur un point d'interrogation, sur un choix auquel nous sommes confrontés, individuellement et collectivement. Tout ce qui précède, les bouleversements géopolitiques, les révolutions technologiques, la redistribution des richesses à l'échelle du monde et dans nos États, les malaises sociaux et identitaires, constituent à la fois de lourdes menaces, mais sont aussi porteurs de chances à saisir, là encore individuellement et collectivement. Répondrons-nous positivement, ou négativement, à tous ces défis qui nous sont lancés?

Le moyen le plus simple de faire de la politique en France aujourd'hui est de jouer sur les peurs, celles d'un monde peu rassurant, celles du déclassement social, celles de l'«autre», surtout si sa femme porte un foulard et n'a pas la même histoire que «nous»… Plusieurs candidats à la présidentielle de 2017 jouent sur ce registre, et font des questions d'«identité» l'alpha et l'oméga de leur programme politique: ne pas le faire, c'est s'exposer à être dénoncé comme «bisounours» ou «bobo» – ou les deux – sur les réseaux sociaux si faciles à enflammer…

Mais, pour importante qu'elle soit en raison des institutions de la Vᵉ République que de Gaulle avait taillées sur mesure pour lui et pour son époque, cette échéance ne marque pas la «fin de l'histoire», pour reprendre une formule qui a fait long feu; la plus grande partie de la réponse à l'équation d'avenir de ce pays réside en nous, ses citoyens. La France mérite mieux que les choix qui lui sont présentés, mais ça ne dépend que de nous, à condition de savoir définir ce « nous » et de l'accepter.

Au moment où j'achève ce livre, *L'Obs* a la bonne idée d'exhumer de ses archives des articles d'André Gorz, le philosophe, précurseur de l'écologie politique, qui a beaucoup écrit dans ce qui était alors *Le Nouvel Observateur* dont il a accompagné la fondation. Un de ces articles, signé du pseudonyme Michel Bosquet, daté du 11 septembre 1978, est simplement titré « Ce qui nous manque pour être heureux ». Lisez-le et, comme moi, vous serez surpris par l'actualité de ce texte, par le fait que, décidément, l'histoire bégaie… En voici les deux premiers paragraphes, qui semblent tout droit tirés de mes chapitres précédents !

« On a demandé tout récemment aux Américains âgés de quinze à dix-huit ans s'ils pensaient que l'avenir serait meilleur ; 55 % ont répondu : "Pire." Une morale en découle pour eux : il faut vivre maintenant. Tout bonheur différé sera perdu irrémédiablement. La vie ne reçoit plus son sens du futur. Et cela change tout.

« À la différence des précédentes, la crise présente n'annonce plus rien : aucun dépassement du capitalisme n'y est inscrit, aucune révolution rédemptrice. Le prophétisme lui-même est en crise. Les temps modernes tirent à leur fin : depuis deux cents ans, l'Occident vivait dans la croyance que demain vaudrait mieux qu'aujourd'hui, que l'avenir méritait qu'on lui sacrifiât le présent, que la science et la technique apporteraient la liberté et l'abondance. Cette croyance est morte. L'avenir est vide de promesses. »

« Notre ami André Gorz », comme on disait alors au *Nouvel Obs*, poursuivait avec ces phrases qui semblent « si 2017 » alors qu'elles ont quarante ans : « Il est normal alors que la politique ne provoque que bâillements ou haussements d'épaules chez une majorité de jeunes. Leur nouveau radicalisme consiste précisément à ne plus partir des problèmes de gouvernement et de la société dans son ensemble mais des problèmes de l'existence, ici et maintenant, qu'aucun gouvernement et aucune société ne pourront résoudre à notre place.

« C'est le pouvoir de les résoudre par nous-mêmes qu'il s'agit de conquérir avant toute chose. Et ce n'est pas une mince affaire. Car, à cette conquête, tout fait obstacle : tout le discours figé des institutions, des organisations, des administrations, des pouvoirs juridiques et idéologiques en place. »

Et d'énoncer quelques idées audacieuses comme « la semaine de vingt heures pour tous, et le revenu social garanti, à vie, à chacun en échange de vingt mille heures de travail à accomplir en autant ou en aussi peu de journées qu'il lui plaira » ; propositions dont il reconnaît volontiers le caractère utopique assumé. « Répondra-t-on encore que tout cela relève de l'utopie, alors que la politique, elle, consiste à programmer des réformes pour les six mois ou les cinq ans à venir, non à préparer une société fondamentalement différente ? Comme si, en une période où le système social, la civilisation productiviste et donc l'avenir lui-même sont en crise, l'intérêt principal des programmes à six mois ou cinq ans ne venait pas précisément des changements fondamentaux qu'ils amorcent et préfigurent.

« Définir une civilisation, une société dans lesquelles pourra se déployer la vie ou, plutôt, les vies infiniment diverses et riches que nous désirons vivre ; définir les voies et les instruments pour y parvenir, voilà le seul moyen de sortir de la politique de crise et de la crise de la politique.

« Quels changements partiels, ici et maintenant, en vue de quels changements fondamentaux et d'ensemble ? Quels changements fondamentaux et d'ensemble pour lever les obstacles au pouvoir de chacun sur sa propre vie, au "droit de poursuivre le bonheur" ? Telles sont les seules questions vraiment importantes[1]. »

Le droit au bonheur, quel beau programme pour un pays dépressif !

---

1. André Gorz/Michel Bosquet, « Ce qui nous manque pour être heureux », *Le Nouvel Observateur*, 11 septembre 1978, mis en ligne le 30 août 2016 (http://bibliobs.nouvelobs.com/idees/20160823. OBS6743/ce-qui-nous-manque-pour-etre-heureux-par-andre-gorz. html).

Bibliographie des ouvrages cités ou pour approfondir la réflexion

Cécile Amar, *L'homme qui ne voulait pas être roi*, Paris, Grasset, 2016.

Florence Aubenas, *Le Quai de Ouistreham*, Paris, L'Olivier, 2010.

Bertrand Badie, *Nous ne sommes plus seuls au monde*, Paris, La Découverte, 2016.

Robert Badinter, *Libres et égaux... L'émancipation des juifs 1789-1791*, Paris, Fayard, 1989.

Nicolas Bancel, Pascal Blanchard, Ahmed Boubaker, *Le Grand Repli*, Paris, La Découverte, 2015.

Jean-François Bayart, *La Politique africaine de François Mitterrand*, Paris, Karthala, 1984.

Christophe Boisbouvier, *Hollande l'Africain*, Paris, La Découverte, 2015.

Patrick Boucheron, *Ce que peut l'histoire*, « Leçons inaugurales du Collège de France », Paris, Collège de France/ Fayard, 2016.

Yann Bouyrat, *Devoir d'intervenir ? L'expédition « humanitaire » de la France au Liban, 1860*, Paris, Vendémiaire, 2013.

Pascal Bruckner, *Le Sanglot de l'homme blanc*, «Histoire immédiate», Paris, Seuil, 1983.

Gérard Chaliand, avec Michel Jan, *Vers un nouvel ordre du monde*, Paris, Seuil, 2013.

Louis Chauvel, *Les Classes moyennes à la dérive*, «La République des idées», Paris, Seuil, 2006.

Louis Chauvel, *La Spirale du déclassement – essai sur la société des illusions*, Paris, Seuil, 2016.

Club des Vingt, *Péchés capitaux, les 7 impasses de la diplomatie française*, Paris, Les éditions du Cerf, 2016.

Marie Darrieussecq, *Il faut beaucoup aimer les hommes*, Paris, P.O.L., 2013.

Laurent Davezies, *La crise qui vient*, Paris, Presses de Sciences Po, 2013.

Jean-Pierre Filiu, *L'Apocalypse dans l'islam*, Paris, Fayard, 2008.

Jean-Pierre Filiu, *Les Arabes, leur destin et le nôtre*, Paris, La Découverte, 2015.

Jérôme Fourquet, Alain Mergier, Camille Peugny, *Le Grand malaise. Enquête sur les classes moyennes*, Paris, Fondation Jean-Jaurès, 2013.

Marcel Gauchet, *Comprendre le malheur français*, entretiens avec Éric Conan et François Azouvi, Paris, Stock, «Les essais», 2016.

Laurent Gaudé, *La Mort du roi Tsongor*, Arles, Actes Sud, 2002.

Antoine Glaser, *Arrogant comme un Français en Afrique*, Paris, Fayard, 2016.

Robert J. Gordon, *The Rise and Fall of American Growth*, Princeton, Princeton University Press, 2016.

Pierre Haski, *L'Afrique blanche, histoire et enjeux de l'apartheid*, Paris, Seuil, « L'histoire immédiate », 1987.

Pierre Haski, *Cinq ans en Chine*, Paris, Les Arènes, 2006.

Nicolas Henin, *Jihad Academy*, Paris, Fayard, 2015.

Samuel Huttington, *Le Choc des civilisations*, Paris, Odile Jacob, 1997.

Alexis Jenni, *L'Art français de la guerre*, Paris, Gallimard, 2011 ; prix Goncourt.

Gilles Kepel, *Les Banlieues de l'islam. Naissance d'une religion en France*, Paris, Seuil, 1987.

Gilles Kepel, *Banlieue de la République. Société, politique et religion à Clichy-sous-Bois et Montfermeil*, avec la collaboration de Leyla Arslan et Sarah Zouheir, la participation de Mohamed-Ali Adraoui, Dilek Yankaya et Antoine Jardin, Paris, Institut Montaigne Gallimard, 2012.

Christine Kerdellant, *Ils se croyaient les meilleurs*, Paris, Denoël, 2016.

Ralph Keyes, *The Post-Truth Era, dishonesty and deception in modern life*, New York, St Martin's Press, 2004.

Pascal Lamy, *Quand la France s'éveillera*, Paris, Odile Jacob, 2014.

Fouad Laroui, *Ce vain combat que tu livres au monde*, Paris, Julliard, 2016.

Bernard-Henri Lévy, *La Guerre sans l'aimer. Journal d'un écrivain au cœur du printemps libyen*, Paris, Grasset, 2011.

Alain Mabanckou, *Mémoires de porc-épic*, Paris, Seuil, 2006 ; prix Renaudot.

Alain Mabanckou, *Le Sanglot de l'homme noir*, Paris, Fayard, 2012.

Alain Mabanckou, *Lettres noires: des ténèbres à la lumière*, «Leçons inaugurales du Collège de France», Paris, Collège de France/Fayard, 2016.

René Maran, *Batouala*, Paris, Albin Michel, 1921; prix Goncourt.

Achille Mbembe, *Critique de la raison nègre*, Paris, La Découverte, 2013

Achille Mbembe, *Politique de l'inimitié*, Paris, La Découverte, 2016.

Branko Milanovic, *Global Inequality: A New Approach for the Age of Globalization*, Cambridge, Harvard University Press, 2016.

Pankaj Mishra, *From the Ruins of Empire*, Londres, Penguin Books, 2012.

François Mitterrand, *Présence française et abandon*, Paris, Plon, 1957.

Célestin Monga, *Nihilisme et négritude*, Paris, PUF, 2009.

Evgueni Morozov, *Pour tout résoudre, cliquez ici!*, Paris, FYP éditions, 2014.

Laurent Mucchielli, *Quand les banlieues brûlent... Retour sur les émeutes de novembre 2005*, Paris, La Découverte, 2007.

Marie Ndiaye, *Trois Femmes puissantes*, Paris, Gallimard, 2009.

Bao Ninh, *Le Chagrin de la guerre*, traduit par Phan Huy Duong, Paris, Philippe Picquier, 1994.

Camille Peugny, *Le Déclassement*, Paris, Grasset, 2009.

Thomas Piketty, *Le Capital au XXIᵉ siècle*, Paris, Seuil, 2013.

Jean-Louis Rocca, *Une sociologie de la Chine*, Paris, La Découverte, 2010.

Olivier Roy, *En quête de l'Orient perdu*, entretiens avec Jean-Louis Schlegel, Paris, Seuil, 2014.

Joël Ruet, *Des capitalismes non alignés. Les pays émergents, ou la nouvelle relation industrielle du monde*, Paris, Raisons d'agir, 2016.

Edward W. Saïd, *L'Orientalisme*, « La couleur des idées », Paris, Seuil, 1997.

Jean-Paul Sartre, *Réflexions sur la question juive*, première édition 1946, Paris, Gallimard, « Folio », 1985.

Bernard Stiegler, *Dans la disruption, comment ne pas devenir fou ?*, Paris, Les Liens qui libèrent, 2016.

Benjamin Stora, entretiens avec Thierry Leclère, *La Guerre des mémoires. La France face à son passé colonial*, Paris, L'Aube, 2007.

Benjamin Stora, avec Alexis Jenni, *Les Mémoires dangereuses. De l'Algérie coloniale à la France d'aujourd'hui*, Paris, Albin Michel, 2015.

David Thomson, *Les Français djihadistes*, Paris, Les Arènes, 2014.

Aminata Traoré, *L'Afrique humiliée*, Paris, Fayard, 2008.

Frédéric Turpin, *Jacques Foccart. Dans l'ombre du pouvoir*, Paris, CNRS éditions, 2015.

Maurice Vaïsse, coauteur, *L'Histoire de la diplomatie française, tome II, de 1815 à nos jours*, Paris, Perrin, 2005.

David Van Reybrouck, *Congo, une histoire*, Arles, Actes Sud, 2012.

Ashlee Vance, *Elon Musk, Tesla, Paypal, SpaceX : l'entrepreneur qui va changer le monde*, Paris, Eyrolles, 2016.

François-Xavier Verschave, *La Françafrique. Le plus long scandale de la République*, Paris, Stock, 2003.

Dominique de Villepin, *Mémoire de paix pour temps de guerre*, Paris, Grasset, 2016.

Paul Virilio, *L'Administration de la peur*, Paris, Textuel, 2010.

Günter Wallraff, *Tête de turc*, Paris, La Découverte, 1986.

Bruce Watson, *The Luddites: The Army That Became A Word*, New Word City, Inc., 2011.

Samar Yazbek, *Les Portes du néant*, Paris, Stock, 2016.

Fareed Zakaria, *The Post-American World*, Washington, Norton & Company, 2008.

Table

DANS LA MÊME COLLECTION

Marcel Gauchet, La Condition historique, *2003*.

Yves Michaud, L'Art à l'état gazeux, *2003*.

Paul Ricoeur, Parcours de la reconnaissance, *2004*.

Jean Lacouture, La Rumeur d'Aquitaine, *2004*.

Nicolas Offenstadt, Le Chemin des Dames, *2004*.

Olivier Roy, La Laïcité face à l'islam, *2005*.

Alain Renault et Alain Touraine, Un débat sur la laïcité, *2005*.

Marcela Iacub, Bêtes et victimes et autres chroniques de *Libération*, *2005*.

Didier Epelbaum, Pas un mot, pas une ligne ? 1944-1994 : des camps de la mort au génocide rwandais, *2005*.

Henri Atlan et Roger-Pol Droit, Chemins qui mènent ailleurs, dialogues philosophiques, *2005*.

René Rémond, Quand l'État se mêle de l'Histoire, *2006*.

David E. Murphy, Ce que savait Staline, *traduit de l'anglais (États-Unis) par Jean-François Sené*, *2006*.

Ludvine Thiaw-Po-Une (sous la direction de), Questions d'éthique contemporaine, *2006*.

François Heisbourg, L'Épaisseur du monde, *2007*.

Luc Boltanski, Élisabeth Claverie, Nicolas Offenstadt, Stéphane Van Damme (sous la direction de), Affaires, scandales et grandes causes. De Socrate à Pinochet, *2007*.

Axel Kahn et Christian Godin, L'Homme, le Bien, le Mal, *2008*.

Philippe Oriol, L'Histoire de l'affaire Dreyfus, tome I, L'affaire du capitaine Dreyfus (1894-1897), *2008*.

Marie-Claude Blais, Marcel Gauchet, Dominique Ottavi, Conditions de l'éducation, *2008*.

François Taillandier et Jean-Marc Bastière, Ce n'est pas la pire des religions, *2009*.

Hannah Arendt et Mary McCarthy, Correspondance, 1949-1975, *2009*.

Didier Epelbaum, Obéir. Les déshonneurs du capitaine Vieux, Drancy 1941-1944, *2009.*

Béatrice Durand, La Nouvelle Idéologie française, *2010.*

Zaki Laïdi, Le Monde selon Obama, *2010.*

Bérénice Levet, Le Musée imaginaire d'Hannah Arendt, *2011.*

Simon Epstein, 1930, Une année dans l'histoire du peuple juif, *2011.*

Alain Renault, Un monde juste est-il possible?, *2013.*

Yves Michaud, Le Nouveau Luxe. Expériences, arrogance, authenticité, *2013.*

Nicolas Offenstadt, En place publique. Jean de Gascogne, crieur au xvᵉ siècle, *2013.*

François Heisbourg, La Fin du rêve européen, *2013.*

Axel Kahn, L'Homme, le Libéralisme et le Bien commun, *2013.*

Marie-Claude Blais, Marcel Gauchet, Dominique Ottavi, Transmettre, apprendre, *2014.*

Thomas Bouchet, Les Fruits défendus. Socialismes et sensualité du xixᵉ siècle à nos jours, *2014.*

Olivier Rey, Une question de taille, *2014.*

Didier Epelbaum, Des hommes vraiment ordinaires? Les bourreaux génocidaires, *2015.*

François Heisbourg, Secrètes histoires. La naissance du monde moderne, *2015*

Marcel Gauchet, avec Éric Conan et François Azouvi, Comprendre le malheur français, *2016.*

Yves Michaud, Contre la bienveillance, *2016.*

Axel Kahn, Être humain, pleinement, *2016.*

François Heisbourg, Comment perdre la guerre contre le terrorisme, *2016.*

Marcela Iacub, La Fin du couple, *2016.*

Olivier Rey, Quand le monde s'est fait nombre, *2016.*

Guillaume Bachelay, La politique sauvée par les livres, *2016.*

Cet ouvrage a été composé
par Belle Page
et achevé d'imprimer en France
par CPI Bussière
à Saint-Amand-Montrond (Cher)
pour le compte des Éditions Stock
21, rue du Montparnasse, 75006 Paris
en janvier 2017

Imprimé en France

Dépôt légal : février 2017
N° d'édition : 01 – N° d'impression : 2027594
51-07-3776/5